CÉSAR LOZANO

POR EL PLACER DE VIVIR

D. R. © 2011, César Lozano

De esta edición:
D. R. © SantillanaUSA Publishing Company
2023 N.W. 84th Ave.
Doral, FL, 33122
Tel: 305-591-9522
www.prisaediciones.com

Diseño de cubierta: Luis Sánchez Carvajal
Diseño de interiores: A. Bronze

ISBN: 978-1-61435-803-9

15 14 13   3 4 5 6 7 8 9 10

A ti, güerita preciosa,
por tu amor incondicional
y por acompañarme en este viaje
tan especial llamado vida.

A mis hijos, César y Almita,
por enseñarme, con su alegría,
lo maravilloso que es vivir.

A quienes han sufrido y han demostrado que,
aún con el dolor y la incertidumbre,
vale la pena luchar por el placer de vivir

Índice

Somos un breve instante en el universo del tiempo.

Hay una gran diferencia entre estar y vivir.

No permitas que pase el tiempo sin que hayas vivido, disfrutado, ¡amado!

Que los recuerdos te lleguen sólo para aprender de lo vivido y atesorar los buenos momentos, no para entristecer tu presente.

Resérvate el derecho de admisión de tus pensamientos.

Que tus malas decisiones y tus malas relaciones del pasado no atormenten más tu presente; tienes derecho a equivocarte y a perdonarte.

Aprende de tus aciertos y de tus fallas son parte de tu vida y gracias a ellos siempre querrás ser mejor.

Deja siempre un legado de fortaleza, disciplina y esperanza, para que quienes te rodean deseen imitarte, igualarte y superarte.

Encuentra siempre una lección en tus fallas, que te haga vivir con intensidad tu presente, sin amargarte ni amargar a quienes te tratan, te quieren o te admiran.

Que en tu presente siempre esté una sonrisa, una palabra de aliento, una muestra de afecto y un valor agregado. Plasma tu esencia en todo lo que toques, digas y hagas.

No dejes que la incertidumbre del futuro te haga perder el entusiasmo y el amor por el presente, que es lo único que verdaderamente tenemos.

Vive con intensidad tu presente para que tu futuro esté lleno de anécdotas dignas de compartirse y disfrutarse.

Al final de nuestros días nos pedirán cuentas: ¿Cuánto amor y felicidad tuviste? ¿Compartiste estas bendiciones y los momentos maravillosos?

Disfruta el verdadero placer de vivir.

César Lozano

Introducción

Existe una gran diferencia entre vivir y estar.

Hay gente que está, pero literalmente no vive, y mucho menos vive con alegría; se preocupa por basar su vida en encontrarle un sentido de trascendencia.

Si en teoría todos creemos que la vida es un regalo, ¿por qué pocos lo vemos como tal? Vivimos por vivir, mientras avanza el tiempo, el hastío y la rutina se apoderan poco a poco de nuestros actos.

Agregar a nuestros días el sentido del placer de vivir es todavía un reto mucho mayor. No hay verdad más grande que constatar el paso del tiempo. Mientras más pasan los años más rápido se va la vida. Las decisiones que tomemos hoy para disfrutarla se verán reflejadas en años de calidad.

Hay muchas formas de querer o de amar la vida, pero ¿sabes cuál es la más importante? Es cuando disfrutamos cada momento, cada instante, cada sonrisa, cada abrazo, cada palabra, todo, intensamente, incluyendo los momentos de dolor; cuando valoramos lo que tuvimos, lo que éramos y ya no somos, lo que vivimos y se fue. Si nuestra mente no está en paz, es porque está revisando en el pasado algún evento que puede despertar una emoción no placentera, como enojo, nostalgia o tristeza. Añoramos lo que no se puede cambiar, o quizá sufrimos ausencia de paz por pensar siempre en un futuro incierto que nos deparará un sinfín de posibilidades, y nos preocupamos por situaciones que en esencia no dependen de nosotros o que probablemente nunca ocurrirán.

Tomar conciencia del presente, del aquí, del ahora, de lo que en este momento hacemos, es la mejor alternativa para disfrutar la vida. Desafortunadamente, a veces nos enfrascamos en alternativas que la mente nos ofrece y muchas de ellas no son nada esperanzadoras. Perdemos una gran cantidad de tiempo y energía si no vivimos en el presente.

¿Te has puesto a pensar en lo breve que es la vida y en lo rápido que pasa el tiempo?

Te invito a que analices lo siguiente: ¿Cuántos años pasaron antes de que tú nacieras? Miles y miles de años. Y, ¿cuántos años pasarán después de que te vayas de este mundo? Bueno, eso sólo Dios lo sabe, pero yo espero que falten miles de años más. Aunque es necesario afirmar que muchas personas, cuyas vidas están llenas de hábitos destructivos: mala alimentación, alcoholismo, ira incontrolada, preocupaciones constantes, ingesta de productos nocivos para la salud, vida sedentaria y rutinaria, estrés, pueden pronosticar que su existencia no será muy duradera. Me duele afirmarlo pero es la verdad. El estilo de vida que llevamos puede ser un termómetro para medir la duración y la calidad de vida que tendremos.

Hay que reconocerlo, somos un breve instante en el universo del tiempo. La vida es relativamente breve, ¿no crees que es muy corta como para complicarla con situaciones, momentos o visiones fatalistas que no hemos vivido, y que probablemente no viviremos como nuestra mente las crea?

Deseo que disfrutes este libro, que encuentres en él las respuestas que estás buscando sobre tantos conceptos mal aprendidos, por ejemplo, creer que venimos a este mundo sólo a aprender lecciones dolorosas, que la vida está llena de sufrimientos y es parte de nuestro existir. De verdad deseo que cuando termines la última hoja de este libro te quedes con la sensación de que vale la pena no sólo estar, sino llenar de momentos memorables tu existencia, sólo ¡por el placer de vivir!

Por el placer de vivir ante la adversidad

Por supuesto que nuestra vida vale más que todos nuestros problemas. Dificultades siempre habrá. Motivos para afirmar que la vida no es justa, también.

Es cierto, la vida no es justa y las alternativas que tenemos para responder a las injusticias son las siguientes:

1. *Ser parte de la injusticia como ejecutor o como víctima.*
2. *Ser sólo un observador. Quejarse amargamente de lo que vemos, criticar constantemente lo que ocurre a nuestro alrededor sin cambiar ni mejorar.*
3. *Ser un sujeto de cambio que transmita amor por medio de acciones y contrarreste de alguna forma la injusticia, la falta de luz y de armonía con quienes nos rodean.*

Mi primer aprendizaje sobre lo injusto de la vida me ocurrió cuando era estudiante de primaria: injustamente fui acusado por el profesor de algo que no cometí. Recuerdo con claridad esa mañana. Hacíamos un examen de matemáticas y quien estaba atrás de mí me dijo en voz baja: "¡La cuatro!" Volteé y le dije: "¿Qué?" "Pásame la respuesta cuatro", me contestó.

En ese momento el profesor me quitó el examen y me puso un horroroso y espantoso ¡CERO! con color rojo, escrito con saña, así, con un lapizote rojo y marcado con más fuerza que de costumbre, como poniendo todo su coraje en la calificación, con los bordes claramente delimitados y la mala vibra implícita en ese cero. El cero más espantoso que he visto en mi vida, y más porque me lo pusieron a mí.

Si hubieran visto mi cara de asombro cuando me regresó el examen, con un: "César, puedes salir del salón". Le respondí angustiadísimo: "¡Maestro! ¡No es justo! No me estaba copiando." Obviamente, quien ocasionó esta crisis (bueno, así la interpreté en ese momento) se quedó callado, sin expresar la verdad ante la situación injusta.

"Maestro, no es justo", dije en voz baja, claro, con acento de víctima incomprendida y producto de las circunstancias que confabulaban en mi contra. Peor me sentí al ver la cara de todos mis compañeros con mirada de asombro y de reproche.

Llegué a mi casa muy enojado; recuerdo que le conté a mi padre lo que había pasado, entonces él me contestó con claridad: "Efectivamente, hijo, la vida no es justa. Habla con el profesor mañana e intenta llegar a un acuerdo". "¿A un acuerdo?, le dije, ¡cuál acuerdo! ¡Yo no hice nada!". Claro que lo anterior lo expresé con el mismo toque de víctima que en general no sirve para nada.

De esta anécdota aprendí dos cosas:

1. En efecto, la vida no es justa. Desde el momento en que somos del selecto grupo que tiene salud aparente, acceso a una educación y un hogar lleno de amor mientras otros no, vemos la injusticia. Si analizamos que no siempre se le facilitan las cosas a un gran sector de la población mundial y a otros sí, ya vemos que la justicia no es igual. Por ejemplo, la injusticia hacia las mujeres predomina actualmente en muchos países. También abunda la forma arbitraria en que se imparte eso que llamamos justicia, y constatamos a diario las grandes diferencias que surgen por el uso y abuso del dinero y la impunidad.

2. Que cada problema, en su momento, lo podemos convertir en una verdadera tragedia. Cada circunstancia que vivimos puede ser considerada una desgracia, y cuando pasa el tiempo y volteamos hacia atrás, nos damos cuenta de que exageramos en la importancia que le dimos a determinado hecho, y hasta risa nos da por la forma en que reaccionamos ante lo sucedido. Es muy cierto que los problemas que nos aquejan en estos días no significarán nada en diez o veinte años.

¿No crees que valga más la vida que todos nuestros problemas?

Nadie dijo que íbamos a vivir sin ellos. Nadie dijo que naceríamos para jamás sufrir.

Los problemas siempre se presentarán. Y motivos para sufrir, estoy seguro de que también.

Lo que en verdad complica la vida *no es lo que nos pasa, sino cómo reaccionamos a lo que nos pasa.*

Te invito a que analices brevemente el último problema de cualquier tipo que hayas enfrentado: laboral, familiar o personal. Algún problema que para ti haya sido grave o muy fuerte. ¿Qué sucedió? ¿Cómo reaccionaste? Piensa si estás de acuerdo en que los problemas más grandes a los que nos hemos enfrentado tienen que ver con algo que hicimos, pero también por algo que dijimos, por algo que expresamos aunque no debimos hacerlo, y es cuando pensamos: "¿Por qué abrí mi boca? ¿En qué momento se me ocurrió decir lo que pensé?" No conectamos el cerebro con la lengua y por eso nos metemos en graves problemas.

Reitero: lo que a veces sucede no es tan grave. Lo que complica las circunstancias es la forma en la que reaccionamos a lo que nos pasa, porque lo que te ocurre a ti en este momento, le puede ocurrir a miles de personas en el mundo, y vieras qué diferente reaccionan.

Un problema que puede ser un verdadero infierno para ti, para otra persona puede ser algo tan simple que analiza de manera diferente a la tuya. Todo depende de la experiencia de vida que tenga esa persona, de su temperamento, de los tipos de pensamientos que predominen en su mente, de su fe, o de la confianza que demuestra en la solución del problema.

Es posible que a la otra persona *se le resbale* el problema y ahí estás tú, dándole vueltas y vueltas a la misma situación, dando rienda suelta a cuanto pensamiento fatalista se presenta ante ti, atrayendo con esos mismos pensamientos negativos y derrotistas más adversidades.

Estoy seguro de que hay muchas razones para ser feliz. Pero es común que nos enfoquemos en encontrar razones para no serlo. Tendemos a recordar personas, hechos, circunstancias que nos impiden ser felices, en lugar de hacer una lista de razones por las cuales deberíamos estar felices y agradecidos.

Todos deseamos ese maravilloso tesoro llamado felicidad, todos estamos en busca de ser felices algún día.

En muchos seminarios que he impartido sobre liderazgo y desarrollo personal, me agrada preguntar a los participantes: "¿Para qué nacieron? ¿Cuál es el motivo o la razón por la que sienten que vinieron a este mundo?" Sin duda, estas preguntas constituyen uno de los cuestionamientos existenciales más fuertes. Hay quienes en forma inmediata y automática contestan: "Nací para ser feliz."

Y cuando pregunto si verdaderamente lo son, muchos de los participantes agregan: "Bueno, pues eso intento..." Entonces, me pregunto: ¿en verdad será tan complicado ser feliz?

Mis creencias me dicen que entre más se nos dé, más se nos pedirá. Que cuando sea llamado ante la presencia del Creador, se me pedirán cuentas de qué tanto amamos, qué tanto compartimos, qué tanto ayudamos... Se nos va a juzgar en el amor.

¿Qué cuentas le vamos a dar al Creador?

Evitemos un terrible presagio que dice: "He cometido el peor de los pecados que un hombre puede cometer. No he sido feliz".

¡Imagínate! llegar al final de nuestros días con una lista de reclamaciones a Dios por las injusticias que vivimos y por la gente difícil e insoportable que él permitió que se atravesara en nuestro camino.

No faltará la mujer que llegue diciendo: "¿Cómo, Señor?, ¿cómo querías que fuera feliz con ese hombre que me tocó como marido? Ya viste lo ojo alegre (dícese coqueto) que fue." ¡Siendo ella la que tomó la decisión de compartir su vida con esa persona! Olvidamos que detrás de muchas adversidades estuvo nuestra decisión.

Algunos se atreven a decir: "¿Cómo querías que fuera feliz, Señor, si nací con muchas carencias?" Cuando la historia está plagada de personas que vencieron las adversidades y lograron trascender en lo que desearon. Para muchos de ellos el *no puedo* no existió.

Concluir que no fui feliz en todo el tiempo que viví sería mi peor castigo.

El presagio del que hablé líneas arriba agrega la palabra "pecado". De todos los significados que encontré de "pecado" hay uno que dice: "Es todo lo que hacemos en contra de uno mismo o en contra de los demás. Es perder el camino." Por supuesto que no haber sido feliz es el peor de los pecados que podemos cometer, pues no sólo es un daño irremediable a nuestra persona, sino también a quienes nos rodean. Una persona amargada y desdichada, generalmente afecta con sus acciones y actitudes a quienes la rodean. Una persona amargada contagia con su pesimismo y amargura a los demás. Muchas veces, su mala vibra nos impide encontrar la paz y la felicidad.

Supera el fracaso

"Fracasé en mi intento por lograrlo…"
"Estuve a punto de obtener el puesto, pero fracasé en el examen final…"
"Confié tanto en esa persona para hacer el negocio pero me defraudó y para mí fue un tremendo fracaso…"
"Fracasé en mi matrimonio…"

Fracaso ¿no se te hace una palabra muy agresiva y determinante? Tan determinante es que puede ser la razón fundamental de la infelicidad por mucho tiempo, inclusive para siempre. Esta palabra se hace presente en el vocabulario de muchas personas que esperaban o deseaban que algo sucediera y no fue así.

El problema se agudiza cuando ponemos un adjetivo tan apabullante a algo que no sucedió como deseábamos. Es precisamente en ese momento cuando juzgamos con rapidez una situación aislada y la calificamos como un fracaso.

El hecho de que te haya ido mal en un examen no significa que estés fracasando en tu carrera profesional; si te fue mal en un proyecto laboral, no significa que seas un fracasado en tu trabajo; si alguien no valoró tu confianza y amor, no significa que ya no creas en las personas. En el amor este sentimiento es más común. El rompimiento doloroso de una relación no significa que la vida ya no tenga alguna sorpresa destinada para ti.

Tendemos a globalizar el fracaso. Estoy convencido de que esto es una de las causas más frecuentes de depresión y baja autoestima. Y más porque somos nosotros mismos quienes ponemos el adjetivo.

Es imposible desligar el fracaso del éxito. Es por eso que quiero compartir contigo, desde mi punto de vista, la mejor definición de éxito: *es saber lo que quiero, poner mi mejor esfuerzo para lograrlo y disfrutar en el camino de esa búsqueda, sembrando amor y armonía con quienes convivo.*

Sería muy arriesgado afirmar que el fracaso es la ausencia de éxito. Digo esto por las veces en las que tú y yo hemos expresado lo mal que nos fue por algo que no obtuvimos pero que, gracias a ello, aprovechamos una mejor oportunidad y, por consecuencia, nos fue mucho mejor.

Te pongo un ejemplo. Agradezco hasta hoy que no se me haya dado la oportunidad de trabajar en mis inicios en una clínica donde siempre quise laborar. Desde que me acerqué allí encontré obstáculos que en su momento llegué a aborrecer, pero que hoy agradezco. Cuando era estudiante, yo soñaba con entrar a esa institución de salud. Me visualizaba una y otra vez recorriendo sus pasillos y consultando a cientos de pacientes en ese lugar.

No me dieron la oportunidad y sufrí al enterarme de que el puesto fue para otra persona que entró por "palancas o recomendaciones". Durante ese tiempo analicé dos opciones: seguir estudiando o buscar un empleo en otro hospital.

Decidí seguir con mis estudios. La especialidad que elegí me abrió muchas puertas y aumentó mi visión de lo que en verdad podía hacer con base en mis fortalezas, aunque yo no sabía que las tenía. Sin embargo, con el tiempo las descubrí, y esto me permitió llegar a donde me encuentro ahora. Además, gracias a que no tuve ese trabajo que tanto deseaba, conocí a quien es mi esposa y ahora tengo a la familia que tanto amo. ¡Y todo por una situación que en su momento llamé *fracaso!*

Adversidades y cambio de planes siempre estarán presentes en la vida de cada uno de nosotros. Habrá algunos que solucionaremos y otros no, pero los errores o caídas no nos convertirán nunca en fracasados.

Según una exhaustiva investigación realizada por la doctora Luisa Amos, catedrática de la Universidad de Tulane, el promedio en que los hombres de negocios fracasan antes de llegar al éxito es de 3.8 de diez ocasiones; no se desalientan por problemas, fracasos o errores. Están convencidos de que tres pasos hacia delante y dos hacia atrás equivalen a un paso hacia adelante.

Si en la infancia tuviste la gran fortuna de saber y entender esto, y gracias a tus padres o profesores aprendiste que el fracaso es parte del desarrollo, habrás obtenido uno de los mejores aprendizajes de vida. La mayoría de los padres queremos que nuestros hijos no sufran y por eso los sobreprotegemos, pero con ello sólo logramos que no aprendan a manejar la *frustración*.

Recuerdo la historia de un hombre que, al ver cómo una oruga batallaba para abrirse, se compadeció y la ayudó a convertirse en mariposa. Efectivamente, la mariposa salió, extendió sus alas, pero nunca logró emprender el vuelo. Por naturaleza, la mariposa necesita *batallar* para que las alas y las patas se desarrollen de forma correcta y esté saludable. Esto mismo hacemos con la gente que queremos: buscamos evitarles el fracaso y el sufrimiento, y lo que hacemos es volverlos dependientes y vulnerables al dolor.

En Texas se hizo común un adagio que dice: *"No importa cuánta leche derrames, lo que importa es no perder la vaca"*.

Lo bueno cuesta, y mucho. Avanzamos notablemente cuando entendemos que el fracaso es *aprendizaje*, y que todos los caminos al éxito pasan por la tierra del fracaso. En otras palabras, *el fracaso es simplemente un precio que debemos pagar para llegar al éxito*.

He sido testigo de dos conductas que se toman ante los problemas o fracasos de nuestra vida: las personas se *hunden* en una crisis, o el fracaso los *impulsa* hacia adelante.

No olvidemos que la historia está llena de personajes célebres que vivieron múltiples fracasos antes de llegar al éxito. Por mencionar algunos, el Coronel Sanders, creador de la receta secreta de ese pollo tan conocido. ¡Nadie le hacía caso en sus inicios! Tocó muchas puertas y en todas partes encontraba rechazos, hasta que alguien creyó en su receta original.

La vida de Benjamín Franklin estuvo llena de calamidades y después de muchos problemas, grandes y pequeños, fue uno de los presidentes más queridos en la historia de Estados Unidos.

Los hermanos Orville y Wilbur Wright lograron emprender el primer vuelo en aeroplano, el 17 de diciembre de 1903, después de múltiples fracasos. Tiempo atrás, fueron objeto de burlas de quienes se reunían a ver los intentos de dos personajes que catalogaron como locos por querer volar.

No dudo que tú hayas padecido algunos fracasos o sinsabores en la vida, pero son precisamente esos problemas los que hacen que valores más lo que logras.

No olvides las palabras que muy acertadamente escribió John Maxwell: "Las personas cambian cuando sufren tanto que tienen que hacerlo; aprenden lo suficiente que desean hacerlo, y/o reciben tanto que están en condiciones de hacerlo."

¿Existe verdaderamente la felicidad?

Reconozco que no es fácil entrar al tema de la felicidad. Se ha escrito tanto, y a la vez conocemos a tan poca gente que verdaderamente es feliz, como para que lo demuestren con sus actitudes, su forma de hablar y las muestras de aprecio ante todo lo que le ocurre. Cuando se le pregunta a alguien qué es lo que más desea en la vida, casi siempre contesta en forma automática que su más grande anhelo es ser feliz.

Deseamos ser felices y por lo tanto no escatimamos en el esfuerzo por vivir en plenitud. Es algo que buscamos por mucho tiempo y se convierte en un raro espejismo que se aleja conforme llegamos a eso que consideramos la verdadera felicidad.

Lo afirmo porque lo he vivido. He creído que una meta determinada era para mí el significado de la felicidad. Me emocionaba cuando creía que me faltaban sólo unos años para graduarme de médico, así lograría mi más grande anhelo y sería inmensamente feliz. Cuando llegué a esa meta y estuve frente a mi familia con el título de médico, efectivamente, sentí una enorme felicidad. Mi euforia estuvo presente durante varios días. Recibir las muestras de alegría de quienes me rodeaban acrecentaba mi nivel de felicidad, pero, conforme avanzaba el tiempo, mi dicha disminuía. Poco a poco me acostumbré a esa nueva condición que era la de ser médico. Increíblemente, esa aparente felicidad se esfumó, pues de pronto iba surgiendo otra meta que lograr: creí que la *verdadera felicidad* consistía en conseguir una especialidad dentro de la medicina.

Al terminar mi especialidad, me sentí nuevamente muy contento y satisfecho. Pero terminé por acostumbrarme, una vez más, a un nuevo estado como médico especialista en salud pública. Lo mismo sucedió cuando imaginé que mi verdadera felicidad consistía en conseguir un trabajo.

En ese momento aprendí que no era un título, ni una especialidad, ni un trabajo, lo que me daría la felicidad, sino encontrar a una persona muy especial con quien compartir mi vida, esa persona me daría toda la felicidad que merecía. Así que tiempo después encontré a la persona especial y era mejor que como la había imaginado. Varios años de noviazgo nos llevaron a fijar una fecha para la boda. Ambos consideramos ese día como el inicio de la *verdadera felicidad*.

Estoy seguro de que esta creencia se consolida desde niño; cuando al finalizar un cuento, el príncipe se casa y el narrador afirma: "… y vivieron felices para siempre." ¡Qué! ¡Qué! ¡Cómo que vivieron felices para siempre! ¡Si el reto apenas inicia! Todos los que estamos casados lo podemos afirmar. Unir tu vida con alguien y adaptarte a esa persona no es fácil. Nos acostumbramos a cada estado que vivimos. Es por eso que muchos escritores han afirmado que la felicidad es un estado que no existe.

Un día leí la siguiente frase: "La felicidad completa no existe, sólo los momentos felices." De verdad esto creí por mucho tiempo. Hay momentos felices, tristes, de incertidumbre, de dolor, de temor y con muchas emociones más. Con el tiempo descubrí que hay dos tipos de felicidad:

El primer tipo de felicidad es aquel que nos viene cuando nuestras circunstancias son agradables y favorables, cuando las cosas marchan bien y hay armonía en nuestro entorno y, por lo tanto, estamos relativamente libres de dificultades.

Enfocarse en que ésta es la verdadera felicidad nos ata a algo que puede ser superficial y transitorio. Cuando las circunstancias cambian, como inevitablemente sucede, esta felicidad se evapora y volvemos a un estado de insatisfacción que puede durar hasta que la armonía regrese a nuestras vidas. Quienes aspiran continuamente a esta felicidad pueden decir que son dichosos, aunque dentro de ellos mismos existe la certeza de que ese estado es temporal y que si se presenta cualquier adversidad, la felicidad se puede ir.

Es la felicidad que los medios de comunicación nos venden continuamente cuando nos dicen que con tal producto la felicidad estará de nuestro lado. Es también la que obtenemos con cirugías plásticas y tratamientos de rejuvenecimiento que nos hacen sentir muy bien, pero sólo por determinado tiempo.

Por supuesto que las expectativas tienen mucho que ver, y encierran una de las lecciones más difíciles de aprender:

mientras pongamos nuestra felicidad en manos de otros seres humanos o las cosas que prometen, seremos irremediablemente víctimas de la frustración. Esto también sucede cuando creemos que la felicidad es la consecuencia de tener a nuestro lado a determinada persona. La tenemos y después vienen los problemas normales que toda relación conlleva y la tristeza se hace presente, pues creemos que la felicidad y el amor se han ido.

Llegar a una relación creyendo que él o ella es quien debe proporcionarnos la felicidad es un error tremendo. Es mejor llegar con saldo a favor, dispuestos a dar para recibir. Amar para ser amados. Comprender para ser igualmente comprendidos.

El *segundo tipo de felicidad* es aquel que nosotros decidimos tener a pesar de las adversidades. Es ese estado que todos tenemos derecho a vivir, y que en este momento tú lo puedes sentir, si así lo decides. Es ese placer que se encuentra en el servicio a los demás. Es cuando sientes que pones el mejor esfuerzo en lo que haces a pesar de que no eres tan querido, aceptado o reconocido como quisieras. Es esa felicidad que se encuentra en los detalles y los momentos que todos vivimos, pero que lamentablemente no todos percibimos. Esa felicidad que sobrevive a toda circunstancia y permanece. Es ese gozo que percibimos en las personas que a pesar de tener una vida llena de tribulaciones de todo tipo, físicas, económicas, relaciones con personas conflictivas, aun así sonríen y dicen que la vida es maravillosa.

En alguna ocasión leí una frase que dice: *"La madurez es el arte de vivir en paz con lo que es imposible cambiar."*

Sé que muchos hasta criticamos a esas personas y creemos que fingen ante la *"verdadera realidad"*, sin embargo sí existen personas así, que deciden ser felices a pesar de las adversidades. Quiero enfatizar que este tipo de felicidad se decide a pesar de las circunstancias.

John Powell destaca que la felicidad es una tarea interior y que está al alcance de todos; dice que el problema más grande consiste en estar buscándola continuamente afuera. Dentro de los puntos que trata, menciono tres:

1. La importancia de querernos y aceptarnos como somos, no como los demás quieren que seamos; claro, sin caer en la tentación de ser tan auténticos que hagamos daño a quienes nos rodean.

2. Hacer de nuestras vidas un auténtico acto de amor, si ponemos y transmitimos amor en lo que hacemos, la felicidad tocará continuamente a nuestra puerta. Tenemos que aprender a ser buscadores de bien.

3. Tener un diálogo con el ser supremo por medio de la fuerza de la oración; no cabe duda de que esto nos hará más fuertes y nos ayudará a sobrellevar las adversidades y, sobre todo, a encontrar un significado al sufrimiento.

Te quiero invitar a que dediques sólo unos minutos para analizar en dónde tienes puesta tu felicidad, qué es lo que te mueve y lo que consideras que te da alegría. Es buen momento para recordar estos dos tipos de felicidad y decidir cuál de ellos está influyendo más en ti.

Charles Haddon Spurgeon, predicador inglés, dijo: *"La felicidad no depende de lo que poseemos, sino de lo que disfrutamos."*

Te pido que, en este momento, analices aquellos acontecimientos que esperabas con mucho entusiasmo y que te hicieron creer que tu vida sería totalmente diferente y feliz cuando llegaran. Te darás cuenta que fueron momentos de felicidad, pero no constituyeron un cambio radical en tu estado normal de felicidad.

Por eso quiero recordarte que ése es precisamente el gran misterio. Que durante nuestra vida tenemos momentos que nos hacen inmensamente felices, pero son sólo eso: momentos de alegría. Y conforme pasa el tiempo nos acostumbramos a esos hechos que tanta dicha nos dieron y nos adaptamos.

¿Vale la pena tener anhelos? ¡Por supuesto que sí! Tener metas a corto y largo plazo da sentido a nuestro presente. Pero, si creemos que al llegar a esa meta encontraremos la verdadera felicidad, estaremos ante el espejismo más grande que podamos encontrar. El gran reto es descubrir el placer de vivir mientras conseguimos lo que anhelamos.

No es nada fácil encontrar un sentido a la vida, y mucho menos placer, cuando los problemas y las preocupaciones nos agobian. Hay días buenos y días no tan buenos. Creer que mientras haya días buenos es maravilloso vivir es entrar a un juego desgastante, en el que los perdedores siempre seremos nosotros, pues siempre habrá gente buena y gente mala, gente que nos ayuda y gente que obstaculiza nuestro camino. Gente que nos quiere y también la que no nos quiere. Familiares con los cuales estamos contentos y con los que nos sentimos incómodos.

Siempre habrá vecinos agradables, amigables, y vecinos insoportables. Siempre estarán presentes los dos extremos. Imagínate si nuestra felicidad dependiera solamente del exterior. De que las condiciones sean perfectas para sentirnos a gusto y felices. ¡Imposible! La imperfección es parte de nuestra vida y aparecerá continuamente. Existirá el frío y el calor. Los días lluviosos y los soleados; el invierno y el verano, el día y la noche.

En cierta ocasión una mujer me compartió su experiencia durante mi programa de radio, la cual ahora yo comparto con ustedes.

—¡Yo no sé por qué hay gente que por más que uno intenta agradar no es posible! Yo procuro tratar bien a toda mi familia y a mis conocidos, me considero una persona agradable, busco que todos a mi alrededor estén contentos. Pero no puedo entender, por ejemplo, por qué una vecina y una cuñada por más que me esfuerzo por agradarles, me hacen la vida imposible. ¡No me quieren! Yo no les hago nada y siempre hablan mal de mí, y sé que buscan complicarme la existencia –me dijo la mujer.

—¿Conoce la regla 80-10-10? –le pregunté.

—No, nunca la había escuchado –me dijo.

—En condiciones normales, al ochenta por ciento de la gente le caemos bien; al diez por ciento, ni bien ni mal, o sea, les somos y les seremos indiferentes. Pero al otro diez por ciento no le caemos bien y ni modo. Es imposible agradar a todo el mundo— le expliqué en forma simple el significado de esta regla. Ese último diez por ciento son las personas que te criticarán por no ser tan bueno como ellos o ellas desean. Son a quienes les molesta el brillo que emites por ser puntual, trabajador, responsable, amado, valorado o respetado. Siempre habrá quienes se quejen y critiquen lo bien que te va o lo amado que eres, simple y sencillamente porque no tienen lo que posees tú. La envidia o el coraje por ver tu superación les hará colocarte en ese último diez por ciento –concluí.

—¿Pero yo qué culpa tengo de esto? –me preguntó.

—Ninguna –le contesté–, pero nuestra felicidad no puede depender nunca de este tipo de personas contrarias a nuestra forma de ver las cosas, que van en la última clasificación. Ése es precisamente el error que muchos cometemos en algún momento de nuestra vida: nos enfocamos en la gente que no nos quiere en lugar de agradecer a quien sí nos acepta como somos. ¡Imagínate! ¡Imposible agradar a todo el mundo!

Nos acostumbramos a entristecernos por circunstancias y personas que no deberían tener tanta importancia en nuestra vida.

Tenemos una capacidad enorme para acostumbrarnos a lo bueno y a lo malo. Nos acostumbramos a tener automóvil, aunque anteriormente no nos quitaba el sueño tener un auto propio. Ya lo tienes, te acostumbras a la felicidad que te da y se pierde la emoción.

Mi primer auto fue un Volkswagen rojo, usado, con diez años de antigüedad. Cuando lo compré con el dinero fruto de mi esfuerzo y de mi sacrificio, el hecho para mí era digno de ser etiquetado como un verdadero placer de vivir. Yo creo que lo disfruté muchísimo, más, por la gran dificultad que tuve para adquirirlo. La falta de dinero y la necesidad de costearlo por mí mismo ¡pagándolo en tres años! (y por cierto, con los intereses me costó casi tres veces más del valor real), significó trabajar tiempo extra en un consultorio médico comunitario; me hizo valorar y cuidar más ese primer vehículo. Jamás olvidaré el día que me lo entregaron. ¡Lo veía nuevo! Sentía una gran emoción y continuamente agradecía a Dios por permitirme vivir ese momento.

No tenía aire acondicionado, su tapicería estaba muy maltratada y aún así lo disfruté mucho durante los primeros días. Después me acostumbré. Y de nuevo me llegó la duda por poner mi felicidad en algo material, ¿no será que es verdad la frase *"la felicidad completa no existe, sólo los momentos felices"?*

Mi primer viaje en avión me quitó el sueño por varios días, ¡y sólo de imaginarlo! La emoción por mi primera casa, mi primera conferencia, mi primer CD, mi primer libro, mi primera intervención en televisión, fueron momentos que marcaron mi vida. Pero que conforme crecemos nos vamos acostumbrando y perdemos el asombro y la emoción.

¿En qué consiste ese placer de vivir? ¿Por qué hay personas que carecen de salud y nos transmiten una felicidad envidiable? ¿En qué consiste la fortaleza de esas personas que luchan día a día para llevar un plato modesto a su mesa y agradecen con sinceridad todas las bendiciones que reciben?

Jamás olvidaré a una de mis pacientes que atendí durante una guardia de urgencias. Era una mujer de 70 años, aunque que aparentaba 90 por los signos que dejan en el cuerpo la acumulación de tristezas, enfermedades y trabajo arduo. Una enfermedad terrible y muy dolorosa la había postrado en una cama durante tres años. Era viuda con ocho hijos. Sus últimas palabras en su agonía fueron: "Gracias, Dios, por todo lo que me diste. Gracias por la vida que me regalaste", y falleció.

"¿Cuál vida?", me cuestionaba. "¿Cuál regalo? ¿Por qué agradece si sufrió tanto?" Me resultaba imposible entender que la mujer que acababa de fallecer víctima de cáncer, con dolores inimaginables, terminara su existencia agradeciendo a Dios por todo lo que le dio. ¿Qué le dio?

Creo que en los momentos de dolor tiene que haber una fuerza divina que nos ayuda a sobrellevar las cosas, pero entenderlo no es fácil. Es casi imposible comprender por qué mucha gente afirma que la enfermedad y el dolor han sido sus *grandes maestros.* Maestros que nadie quisiéramos tener, pero que se convierten en un aprendizaje de vida, donde se demuestra la verdadera fortaleza y se descubre el verdadero amor de quienes nos rodean. Acontecimientos dolorosos que se convierten en parteaguas de nuestra existencia, que nos abren los ojos sobre lo que verdaderamente importa.

Es bueno despertar a la realidad y poner cartas en este asunto importante. La felicidad no es ningún destino, ninguna persona, ningún acontecimiento. *Es una decisión personal, constante y diaria.*

Hoy podemos, y tenemos que, encontrar instantes y motivos para estar felices, porque el tiempo avanza y no perdona. Despertarnos a la realidad porque problemas, dificultades, conflictos, enfermedades y gente complicada siempre existirán, y nuestra felicidad no puede depender de la ausencia de estas adversidades.

El verdadero placer de vivir se presenta constantemente, pero no lo vemos ni lo sentimos por estar inmersos en un constante acelere; en una lucha contra el tiempo para lograr lo que nos proponemos; en esperar que la gente cambie, y entonces sí ser felices.

La experiencia me ha hecho confirmar que sí se puede disfrutar la vida a pesar de las adversidades, cuando conocemos a personas excepcionales. Puedo afirmarlo también porque lo he vivido. Porque muchas veces las cosas no salieron como quise y aún así tomé la decisión de adaptarme sin conformarme con los acontecimientos para buscar el lado bueno entre lo malo.

¿Se puede ser feliz? ¡Sí! Siempre y cuando lo decidas diariamente. Te aseguro que seguir con la lectura de este libro te ayudará mucho. Hay momentos felices que hay que atesorar, pero depende de cada quien detectarlos y hacer del presente la mejor oportunidad para ser felices.

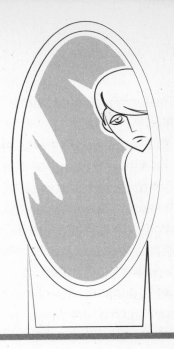

Aumenta tu autoestima: ¡Aumenta tu felicidad!

La mejor definición de autoestima, esta palabra tan mencionada, es la valoración que tengo yo de mí, de mis actos, virtudes y fortalezas. La valoración del concepto que tengo de mí en función de mi escala de valores.

Puede ser que seas chaparro o gordo, pero si para ti eso te da igual y así te quieres, puedes tener una autoestima perfectamente sana.

Si, por el contrario, eres sumamente atractiva(o), pero te sientes torpe y poco inteligente, tu autoestima estará por los suelos.

Por cuestión cultural, en general, verte bien tendrá alguna relación directa con tu autoestima; aunque tú ya sabes, hay a quienes les tiene sin cuidado su aspecto o su apariencia, y así se quieren y valoran.

Si quieres aumentar notablemente tu autoestima, sigue estos sencillos pasos.

1. *Interésate por lo que te rodea*. Busca información que te haga sentir mejor y te ayude a estar actualizado. Lee, documéntate para estar en la jugada. Interésate además por tus relaciones con los demás, sin poner en manos de quien te rodea la imagen que tienes sobre tu persona.

2. *Evita la ociosidad*. Es el principio de todos los males y de todos los pensamientos derrotistas. "*¡La vida es movimiento!*", decía mi abuela con frecuencia, pues ella estaba siempre activa, en movimiento, cosiendo, leyendo, cocinando algo nuevo, pero nunca ociosa.

   Cuando le pedíamos que se acostara porque la veíamos enferma, contestaba con un rotundo ¡no! y exclamaba: "¡Cuando me muera, me acuestan!" Era bastante gallona y calzonuda mi querida abuela doña Pola.

   Procura dedicar tiempo para ti, a tu imagen, a tu mente y a tu relación con Dios. Verás cómo tu autoestima se ve favorecida.

3. *Lo que hagas hazlo bien*. Se vive y se duerme mejor cuando nos queda la satisfacción de haber puesto nuestro mejor esfuerzo en todo lo que emprendemos. Ya que tienes que ir al trabajo, ¡hazlo de la mejor manera!

   Hacer las cosas al 'ahí se va' se verá reflejado en tu vida y tu subconsciente lo aceptará como parte de tu esencia. Si actúas así, tu vida será igual de insípida e intrascendente, lo cual se manifestará en tu autoestima. Revisa lo que hagas a diario, mejora lo que no funciona, pero tampoco te castigues. Aprende la lección y procura dar lo mejor de ti.

4. *Acepta halagos*. Cuando alguien reconozca tu esfuerzo, tu belleza, tu alegría, tu porte, tu gracia, tu amor, acéptalo

con gusto. Di gracias y siéntete merecedor de ese halago, sin caer en la soberbia.

No devuelvas el halago con frases lastimeras como: "¡No, no estoy delgado, sigo hecho un cerdo!" Después de haber bajado veinte kilos con muchísimo esfuerzo, ¿por qué no recibes bien el elogio o el reconocimiento? Acéptalo y da las gracias porque los demás lo notan, puedes decir algo como: "Gracias, de verdad. No te imaginas el esfuerzo que puse y por eso me alegro." Acepta y siéntete digno de recibir las muestras de cariño y aprecio de la gente, porque eso aumenta considerablemente tu autoestima.

También te sugiero que si nadie te halaga ni reconoce tu amor o tu esfuerzo, lo hagas tú mismo. Frente al espejo, di lo bien que te sientes y lo bien que te ves. Felicítate por lo que ha significado para ti determinado logro. Cuando termine un día, haz el recuento de acciones bien realizadas. Recuerda lo bien que te trataron y que tú trataste, y verás los grandes beneficios que sientes en tu interior.

5. *Prémiate.* Así te será más fácil repetir tus éxitos y buenas acciones. Obséquiate unos minutos o un día para ti, sin necesidad de querer cumplir con quienes te rodean. ¡Es tu día, es tu momento! ¡Haz lo que se te dé tu regalada gana, porque te lo mereces! Te mereces obsequiarte algo que te haga sentir bien. Te mereces darte un antojo.

Infinidad de hombres y mujeres sienten culpa cuando se compran algo pensando que ese dinero podría ser destinado para cosas más importantes. Claro que tu familia es importante, pero tú también tienes derecho a consentirte, a quererte ¡y a valorarte!

La autoestima se mide por la buena consideración que se tiene a uno mismo, y no por la idea de ser el mejor, como muchos creen. Se sabe que cuando uno se siente superior, carece de autoestima y en realidad se está hundiendo poco a poco. Alguien con autoestima sólida busca aplicar los pasos antes mencionados, no para ser otra persona sino para mejorar su imagen interior y exterior.

Defectos tenemos todos. Somos imperfectos por naturaleza, pero de cada uno de nosotros depende que estas imperfecciones sean más notorias que nuestras cualidades.

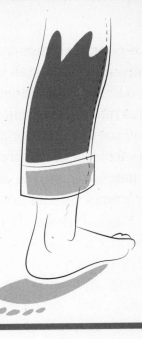

¿Tus pasos dejan huella?

Tú sabes que puedes trascender en esta vida por dos motivos: por acciones buenas y por acciones no tan buenas, por no decir malas. Por agradable o por insoportable. Puedes trascender por ayudar, o bien, por obstaculizar la vida de los demás. Por inteligente o por "burro".

Para ser más claros, la gente no se olvida cuando es muy buena o muy mala. No se olvida porque su vida fue digna de admirarse o porque su presencia fue tan incómoda que sus estragos continúan, a pesar de que ya no está. Los intrascendentes, tibios o insípidos, se olvidan al paso del tiempo. No queda huella de sus acciones ni de su presencia, pues pasan en forma gris a nuestro lado. No opinan, no aportan, pero tampoco quitan, no alegran pero tampoco amargan, están pero no permanecen.

Tarde o temprano los seres humanos nos formulamos una pregunta sumamente importante: *¿De qué ha servido mi presencia?* Su respuesta evalúa en gran medida si nuestra vida ha tenido sentido o no. Claro que la respuesta dependerá en gran parte del estado de ánimo que en ese momento tengamos. Si te lo cuestionas cuando vives una ruptura amorosa, o una crisis de empleo, te aseguro que el fatalismo estará presente en la respuesta. Si te cuestionas cuando las cosas van muy bien y además hay amor a tu alrededor, obviamente podrás afirmar: ¡Misión cumplida! En general, evaluamos como positiva nuestra presencia en el mundo, si hemos logrado las metas o anhelos que nos hemos propuesto, lo cual no es malo. Pero, sin duda, la forma en la que hemos trascendido en la vida de los demás será lo más importante.

Sucede algo muy peculiar en muchos de nosotros: evaluamos nuestra vida con base en los afectos otorgados y recibidos, en la cantidad de vidas que hemos tocado o cambiado para bien, en el amor que hemos difundido y otorgado entre nuestros semejantes. Revisamos nuestra vida con base en los buenos ejemplos que dimos, ya que, sin lugar a dudas, ésa es la mejor forma de trascender.

El tiempo vuela, por lo que realizar este ejercicio puede ayudar mucho a evaluar nuestras acciones, a reconsiderarlas y, en caso necesario, a corregir el rumbo de nuestra vida haciendo los cambios pertinentes.

Tú sabes que puedes llenarte de buenas acciones. Trascendemos por los cambios buenos o por los malos, y la connotación de que nuestras acciones sean positivas o negativas depende de los principios y valores de cada persona. Si me permites, quiero referirme a las buenas acciones, a todo aquello que fomenta el amor, la paz y la armonía.

Quiero compartir contigo algunas reflexiones que te podrán dar luz cuando realices este importante cuestionamiento:

* Trasciende positivamente quien vive de tal forma que sus acciones se graban en la mente de quienes lo rodean, especialmente por la manera en cómo sortea las adversidades que se le presentan día con día, por cómo vence los obstáculos que amenazan con impedir que logre sus propósitos. Trasciendes positivamente por la forma en que reaccionas ante los cambios, lo que hace que tus acciones se conviertan en un ejemplo, en una anécdota digna de ser contada, y donde el protagonista principal eres tú mismo.

* Trasciendes por las anécdotas de tu vida, que tus amigos y familiares contarán y serán para ellos un modelo de vida: "Me acuerdo de aquella vez cuando el auto de mi papá se descompuso en pleno desierto, y él no perdió la calma, al contrario, nos infundó valor y confianza mientras esperábamos a que llegaran a auxiliarnos." O bien: "Recuerdo que cuando mi madre se enteró de la muerte de mi abuelo mostró una entereza tremenda a pesar del dolor." Esos momentos se hacen historias que quedarán grabadas en la mente de quienes te conocieron y las contarán, por lo que se convertirán en tus pasos que dejan huella.

Tu vida, mi vida y la de todos son como películas que pueden quedarse grabadas en los corazones de la gente que queremos, de las personas con las que interactuamos. Busca siempre que te recuerden por tus acciones positivas, es una forma maravillosa de trascender. Tu presencia puede influir fuertemente en quienes te rodean, ya que puedes cambiar con tu ejemplo sus vidas.

* Trasciende quien cuida los detalles al actuar y al hablar; quien es prudente en sus comentarios y logra que la gente que lo rodea se sienta importante. Recuerdo una frase de la fundadora de uno de los emporios de cosméticos más grande del mundo, Mary Kay. En ella afirmaba que la mejor manera de agradar a la gente y trascender es imaginar que cada una de las personas a quienes tratas lleva consigo la frase: *"Hazme sentir importante."*

Es obvio que todos deseamos sentirnos respetados, valorados y reconocidos, lo cual puede traducirse *en hacernos sentir importantes*. Recuerda que la gente olvida lo que le digas, lo que nunca olvida *es cómo la hiciste sentir*.

* Trasciende quien comparte sin egoísmo. Quien reconoce que la vida tiene altas y bajas y sabe que ayudar con el corazón engrandece al alma. Comparte lo que, gracias a Dios y con su esfuerzo, has obtenido y, sobre todo, recuerda que la humildad es la eterna compañera del amor. Deja huella también quien comparte su ser y su saber, sin miedo a que el alumno pueda superar al maestro.

* Trasciende quien carga su cruz con optimismo y sin afán de voltear hacia atrás continuamente para preguntarse el por qué de las situaciones que no se pueden evitar.

Qué gran reto representa aceptarnos a nosotros mismos, y que los demás nos acepten; aceptar circunstancias y personas que nos son difíciles de tolerar. Deja huella quien acepta y se adapta a los cambios que llegan, con la esperanza de que el mañana sea mejor, pero no por eso deja de expresar su pena ante el infortunio, ya que el dolor es parte de la vida y también es una forma de trascender.

* Trasciende quien comparte consejos y pregona con el ejemplo. Dar un buen consejo siempre habla de inteligencia.

Pero dar un consejo basado en la experiencia propia denota sabiduría.

* Trasciende quien ríe con ganas, sin dificultad. Quien hace de la risa un hábito y cree que la vida es muy importante como para vivirla con indiferencia. La risa sana previene, revitaliza y, sobre todo, crea un ambiente de cordialidad. Quien sonríe frecuentemente es fácil de amar. Quien carga amargura en su rostro siempre será difícil de querer. Gran diferencia existe entre quererte y soportarte.

Te invito a que en este momento hagas mentalmente un breve reconocimiento de esas personas que recuerdas a través del tiempo. Esas personas que han trascendido en ti, de tal manera, que sus acciones se han convertido en modelo a seguir en momentos cruciales. Son seres que vienen con esa misión y han decidido hacer de su vida una verdadera obra de arte.

Por supuesto que hay muchas formas adicionales para trascender y dejar huella, pero estoy seguro de que las reflexiones que aquí he compartido contigo son fundamentales.

Hay un proverbio chino que dice: "No comas todo lo que puedas, no gastes todo lo que tienes, no creas todo lo que escuches, no digas todo lo que sabes."

¿No crees que ésa sea también una maravillosa forma de trascender?

Dependencia emocional

Dependencia emocional: esa necesidad afectiva, extrema, que una persona siente en determinada relación. Puede manifestarse en la familia, en la amistad y en la relación de pareja, siendo en esta última donde se aprecia con más frecuencia.

Hay animales de ciertas especies que al nacer no necesitan de la alimentación ni de los cuidados inmediatos de su madre para sobrevivir. En cambio, los seres humanos somos totalmente dependientes desde el momento en que nacemos. Si no se brinda cuidado y alimentación a un recién nacido, muere irremediablemente.

Me impresionó una historia que vi en la televisión. En ella se enfatizaba la gran fortaleza y el amor puro de una madre hacia su hijo. Una mujer que se encontraba con su pequeño de pocos años en un safari en África fue atacada por un agresivo león. Ella se aferró fuertemente a su hijo y se dispuso a emitir tremendos alaridos, los cuales opacaban los potentes rugidos del león, lo que hizo retroceder a la fiera.

La madre no dudó en proteger a su niño aunque le costara la vida. El niño tampoco dudó de la protección de su madre. Aquí tenemos un ejemplo claro del estado de dependencia. Es una condición creada por la naturaleza en su sabiduría infinita. El problema se suscita cuando esa dependencia se sigue desarrollando por tiempo indefinido, sin causa que la amerite.

Por eso vemos gente adulta que depende para todo de su mamita o de su esposa. No saben guisar un huevo y mucho menos planchar o lavar. Peor aún, hay quienes por esa sobreprotección sienten tanta inseguridad y miedo al fracaso, que evitan a toda costa enfrentar responsabilidades, y por lo tanto, prefieren seguir dependiendo económica y afectivamente de sus padres.

La dependencia se relaciona con la debilidad, la pasividad o la inmadurez, y puede ser propiciada por muchos factores:

* Padres autoritarios que toman decisiones por sus hijos.

* Madres sobreprotectoras que impiden el desarrollo de sus hijos, facilitándoles completamente la vida.

* Maridos que evitan a toda costa que las esposas participen en la toma de decisiones y tengan conocimiento hasta de lo más indispensable para el manejo del hogar. Si esos maridos llegan a fallecer, dejan totalmente desvalida a la mujer que decían querer mucho, pero a la que nunca otorgaron la confianza de compartir las responsabilidades y saberse valer por sí misma.

Hay tres tipos de dependencia: económica, social y emocional. Voy a referirme precisamente a esta última necesidad afectiva, extrema, que una persona siente en determinada relación. La dependencia emocional puede manifestarse en la familia, en la amistad y en la relación de pareja.

Es cada vez más habitual, aun cuando en la actualidad los seres humanos tendemos a ser más autosuficientes, que la mujer, quien por fortuna y gracias a su cada vez mayor preparación participa de manera activa en la sociedad, busque tener iguales o mayores oportunidades, y, en todos los ámbitos, ha demostrado su gran capacidad de liderazgo.

Existe una gran cantidad de dependientes emocionales que encontramos en nuestro entorno: hombres y mujeres que en la relación de pareja y ante cualquier desavenencia expresan frases como: *"Si te vas, me muero", "Si me dejas, mi vida no tendrá sentido", "Eres mi oxígeno; si no estás, no respiro".*

Frases más, frases menos, pero el sentido de dependencia queda manifiesto. Podrían considerase como parte del cortejo en el amor, pero no siempre es así. Hay quienes verdaderamente viven todas y cada una de esas lamentaciones.

Es algo penoso, y a veces muy doloroso, observar cuando alguien cercano a nuestras vidas depende emocionalmente de su pareja en forma patológica. Por eso es recomendable conocer el perfil de quienes pueden sufrir este tipo de crisis:

1. *Buscan exclusividad en las relaciones.* Celan a su pareja cuando no la encuentran, cuando está con personas que el celoso considera que pueden separarlos o que les quitan tiempo valioso que podría ser destinado a ellos o ellas. Necesitan un acceso constante a la vida del otro, lo cual se traduce en un estado asfixiante para quien fomenta esa dependencia: llamadas continuas, mensajes por el celular, necesidad de diálogo con cualquier pretexto. En otras palabras, un aferramiento excesivo.

2. *Necesitan la aprobación constante de los demás.* Su autoestima está sumamente baja y quieren sentir que cada acto o palabra que dicen será aprobada por la persona de quien tanto dependen.

3. *Subordinación en las relaciones.* Pueden caer incluso en el servilismo con tal de no perder la relación. Piden perdón por todo con frecuencia, tratan de evitar a toda costa causar un malestar a su pareja.

4. *Tienen miedo e intolerancia a la soledad.* Necesitan que alguien esté siempre a su lado, sólo así se sienten seguros.

5. *Dicen estar tristes o enfermos para mantener la atención y los cuidados de quien tanto dependen.* A veces inventan enfermedades, chantajean con tristezas falsas para sentirse atendidos, amados o mimados.

Respecto a este último punto, recuerdo que, en mis tiempos de estudiante de medicina, tenía una vecina que de manera constante inventaba enfermedades cuando el marido salía al futbol o a otra actividad donde ella no era requerida. Ella sabía que yo estaba a punto de graduarme y me hablaba para decirme que le faltaba el aire o que sentía que se le paralizaba una parte del cuerpo. Pero, al examinarla, no encontraba nada que pudiera ser relacionado con una enfermedad aparente. Imitaba los signos de una embolia cerebral. Hacía como si se le paralizara la mitad de la cara desviando deliberadamente la boca, y afirmaba sentir adormecimiento en la mitad de su cuerpo. Con la exploración yo veía que no coincidían los signos ni los síntomas con un cuadro de esa magnitud, porque a los pocos minutos se le olvidaba su actuación y su boca volvía a la normalidad. Cuando se lo decía, la volvía a desviar. En esos momentos, ella pedía ansiosamente que le hablaran a su marido y le dijeran que se sentía muy mal, que regresara lo más pronto posible a la casa. Entonces el hombre regresaba asustadísimo.

En otras ocasiones en las que el marido no estaba, decía que le dolía mucho el pecho y que dicho dolor se irradiaba al brazo izquierdo. Obviamente ella sabía cómo eran los signos de un infarto al corazón. Me hizo trasladarla con urgencia al hospital más cercano y, para mi sorpresa, no era absolutamente nada. Caí dos, tres, cuatro veces; posteriormente, ya no quise prestarme más al jueguito de manipulación.

Un día me volvieron a hablar, pero yo ya no creía en sus enfermedades. Fui con mucha tranquilidad y, para mi sorpresa, en esa ocasión verdaderamente estaba enferma. De tanto "ensayar" los signos y síntomas de una embolia, sufrió una verdadera. Estuvo gravemente enferma más de un año y, obvio, con su marido al pendiente como ella siempre quiso.

Cada caso es distinto y las razones de la dependencia emocional pueden ser muy variadas. Pero, sin lugar a dudas, la mejor forma de contrarrestar esta dependencia es creando vínculos familiares más fuertes; ayudar a los hijos a hacerse responsables, que se sientan amados y valorados, seguros de sí mismos, pero con tareas dentro del hogar.

El error más grande que muchos padres cometen con sus hijos es darles todo de manera indiscriminada, facilitarles las cosas sin que se las ganen, y esto es precisamente por todo el amor que les tienen, o a veces por no batallar con ellos. Así, los hijos "entienden" a la perfección el mensaje y se hacen dependientes. Piden a sus papás que les solucionen todos sus problemas, que les cocinen, les laven, los lleven, recojan, les den lo que quieran y necesitan, ¡y hasta lo que no necesitan!, pero después vienen las consecuencias, ya que esa misma irresponsabilidad se reflejará en las relaciones que tengan de jóvenes y adultos, tenderán a evitar comprometerse aun cuando el compromiso sea uno de los tres ingredientes fundamentales en el amor, al lado de la atracción y la compatibilidad.

Muchos de estos jóvenes o adultos que fueron sobreprotegidos presentan inestabilidad en los trabajos que obtienen y, por lo general, buscan culpables de lo mal que les va en uno y otro lado. Al paso del tiempo, los padres se preguntan ¿por qué sus hijos han sufrido tanto en el amor y en el trabajo? ¿Cómo es posible que no den una? ¿Por qué en todo les va mal? Jamás llegan a la conclusión de que ellos tuvieron mucho que ver con los resultados.

Para terminar esta reflexión, comparto contigo esta frase que me parece llena de sabiduría: "Podrás olvidar a las personas con las que reíste, pero nunca olvidarás a las personas con las que lloraste."

Alegría instantánea

Vivimos en una época donde la comida rápida está por doquier. La era de lo práctico, lo sencillo, de lo desechable, aun a costa del daño que le hacemos a nuestro planeta y por ende a nosotros mismos. Podemos tener comida congelada por muchos días y prepararla al instante. Investigar en Internet el tema que se nos antoje sin necesidad de buscar en los índices de esas antiguas enciclopedias que utilicé en mi niñez y que fueron para mí herramientas indispensables.

En un instante podemos estar en contacto, mediante las redes sociales, con miles de personas. Hemos avanzado, pero a la vez, nos estamos haciendo dependientes de la tecnología para encontrar momentos de felicidad y esparcimiento. Cuando los niños no tienen televisión o videojuegos, lo primero que expresan es: "¡Estoy aburrido!"

Entre más complejos nos hacemos en nuestros gustos y aficiones, más elitistas somos para adaptarnos a lo simple.

Eran maravillosos y no tenían precio los momentos en los que la familia se reunía afuera de las casas y platicaba de todo y de nada; el futbolito en la calle, los juegos de las escondidas y los encantados. ¿Recuerdas? Depende de que generación seas, contestarás sí o no.

En el noviazgo, el tiempo que no podíamos vernos ni comunicarnos influía, de manera proporcional, en el grado de enamoramiento y, por lo tanto, la expectativa de estar con la persona amada incrementaba. Entonces, tener la limitación de la comunicación hacía que cada encuentro fuera muy esperado y más emocionante. Deseábamos e imaginábamos constantemente con ansias el momento de encontrarnos con la persona querida.

Sin menospreciar los avances tecnológicos, ahora todo mundo está fácilmente localizable. Ahora interrumpimos una conversación o una película en el cine para contestar una llamada o un mensaje de texto de alguien que nos encuentra al instante, sin dar tiempo de que extrañemos estar con esa persona. Es increíble, pero extrañar siempre incrementa las cualidades de las personas y minimiza los defectos. Me pregunto si eso influye en la calidad de las relaciones que tenemos, si todos estos avances en la comunicación han influido en dejar de valorar a las personas y en hacer de algunas relaciones un producto desechable y poco valorado.

Me cuestiono una y otra vez si estos avances me han hecho una persona más aislada e independiente, y si he sustituido la presencia de la gente que quiero por los *mails*, mensajes de texto y el Messenger.

Tampoco quiero parecer un viejillo enojón y amargado que se queja de que los tiempos pasados fueron "tiempos mejores". Para mí, los tiempos mejores son los que estoy viviendo, pero es bueno valorar qué acciones y actitudes del pasado han funcionado para adaptarlas, en la medida de lo posible, al presente, sin menospreciar los cambios. Gracias a las redes sociales, muchas personas han encontrado al amor de su vida o han logrado vencer el obstáculo que representa expresar en persona lo que sienten. La timidez está presente en muchos pero gracias a Internet han desarrollado sus inquietudes.

Es imposible negar la alegría instantánea que se percibe cuando leemos un mensaje o nos encontramos con alguien que queremos. Esa alegría instantánea que sentimos al recibir una grata noticia, al lograr algo que deseábamos con muchas ganas, al obtener un beneficio inesperado; son momentos que pueden atesorarse por mucho tiempo.

Cuando nos emocionamos, hay una descarga de endorfinas y otras hormonas de la felicidad que invaden el torrente sanguíneo y nos elevan la frecuencia cardiaca y respiratoria. La euforia nos da fuerza para gritar de gusto o brincar de emoción por lo que sentimos. Nos despierta y sacude de una manera tan especial que hace que el estrés se reduzca. Si existe dolor, ¡hasta puede disminuir! Todo esto aunado a los grandes beneficios que tiene esa descarga de emoción y alegría fortalece y reactiva el aparato inmunológico de defensa. Esto sucede en un episodio de felicidad intensa.

¿Te ha sucedido que te encuentras en un momento de tensión enorme por algún problema que estás viviendo y de repente alguien llega y cuenta un chiste o una anécdota divertida y, con el sólo hecho de reírte a carcajadas, se forma en ti una sensación de bienestar que rompe con la inercia negativa del conflicto que vives?

Me acordé del día en que quería dar el pésame a un amigo por la muerte de su madre. Al llegar a las capillas funerarias, me equivoqué de sala y entré al velorio equivocado. Ya en la capilla, dos personas que la verdad no me acuerdo dónde las conocí, me recibieron con un abrazo muy efusivo agradeciéndome el gesto de haber ido a darles el pésame. "¡César! ¡Gracias por venir! ¡Nunca olvidaremos tu presencia en estos momentos tan difíciles!" (¿¡Cómo les explicas!?). Claro que no sabía quiénes eran ¡y mucho menos quién era el difunto o difunta! Sin darme tiempo a exponer mi error, empezaron a contarme todo lo que la persona había padecido poco antes de morir, sus momentos memorables, sus gustos y lo bueno que había sido en vida.

Y ahí me tienes sentado, escuchando las historias de quien nunca conocí, contadas magistralmente y en forma muy emotiva por dos personas que tampoco recuerdo dónde diablos las había visto. Me despedí con el afecto y el abrazo correspondiente y me cambié de capilla. Al entrar con mi amigo, le conté que estaba dando pésames a las personas equivocadas y desconocidas. Sus carcajadas iban en contra de los cánones del lugar. Ahora que ha pasado el tiempo, lo recordamos y siempre aclara que ese incidente le fue como una bocanada aire fresco y energía en un momento de gran dolor.

Los momentos de alegría, de risas y carcajadas, deberíamos repetirlos con más frecuencia. Como no abundan las ocasiones que nos provocan risas francas, abiertas y duraderas, ¿por qué no evocar esos momentos de locura y risa cuando se nos dé la regalada gana? Si son tantos los beneficios que la alegría y la euforia pueden producir, ¿por qué no experimentarlos más seguido?

Una de las investigaciones que más me han impresionado es la realizada por la doctora Shelly L. Gable, profesora de psicología de la Universidad de California, quien asegura que las parejas que celebran los acontecimientos reportan mayor satisfacción en su relación. Esta doctora afirma que tienen menos posibilidades de separarse, que las que sólo se apoyan durante los tiempos difíciles. Una expresión sincera de alegría en momentos memorables une a los dos y si además saben reír espontáneamente, mucho mejor.

¡Benditas las personas que tienen la facilidad de hacer reír cuando menos lo esperamos! Es una característica admirable la de aquellos que, en un momento, logran romper la inercia del aburrimiento o el dolor con sólo compartir recuerdos o momentos que hacen reír.

Los grandes beneficios de reír son conocidos por muchos. Cada día se incorpora más la técnica llamada risoterapia en muchos hospitales, porque se ha comprobado que quien ríe se recupera más rápido de las enfermedades por el gran aporte que tiene la risa a la estimulación del aparato inmunológico de defensa. La risa, además de limpiar las vías respiratorias, nivelar la presión arterial, ayudar a disminuir el dolor y la tensión contribuye, por si fuera poco, ¡a disminuir la impotencia y la frigidez! Si con todo lo que te acabo de decir no buscas la manera de incluir en tu vida momentos que te hagan reír o mínimo sonreír, ya no habrá poder humano que lo logre.

La secreción de endorfinas al reír o al manifestar agrado en lo que se hace tiene mucho que ver. La risa tiene una notoria influencia sobre la química del cerebro y del sistema inmunitario, por eso es la mejor fuente para producir endorfinas. Basta con esbozar una sonrisa para que nuestro cuerpo comience a secretarlas.

Las endorfinas, también llamadas hormonas de la felicidad, son sustancias químicas producidas por el organismo. En su estructura son muy similares al opio, la morfina o la heroína, pero sin sus efectos negativos. Se calcula que hay alrededor de veinte tipos diferentes de endorfinas distribuidas por todo el cuerpo; parte de ellas están localizadas en la glándula pituitaria y son las encargadas de hacer posible la comunicación entre las neuronas. Estos químicos naturales estimulan los centros de placer del cerebro, contribuyen a eliminar el malestar y a disminuir las sensaciones dolorosas, pues cuando sentimos dolor, las endorfinas actúan como analgésicos. Reitero, las endorfinas influyen en la liberación de hormonas sexuales, en el fortalecimiento del sistema inmunitario, y en la modulación del apetito. Cuando sentimos placer, estas sustancias químicas se multiplican y envían mensajes a nuestro cerebro, a los linfocitos y a otras células responsables de la defensa de virus y bacterias que invaden el organismo.

Las endorfinas tienen una vida muy corta, ya que son eliminadas por determinadas enzimas que produce nuestro cuerpo. Existen varias formas para estimular la producción de endorfinas, lo cierto es que cuando realizamos actividades placenteras o tenemos recuerdos agradables, aparece un mayor flujo de estas hormonas de la felicidad, lo que provoca un cambio en nuestra actitud y, por lo tanto, nuestro estado de ánimo mejora de manera considerable.

Asimismo, el masaje provoca también grandes descargas de bienestar, pues las terminaciones nerviosas transmiten el roce de las manos sobre la piel hasta el cerebro activando la secreción de las hormonas de la felicidad.

La música melódica y los aromas que consideras agradables provocan una importante liberación de endorfinas, consiguiendo una disminución de la frecuencia cardiaca y respiratoria, así como una importante relajación muscular.

Algunas técnicas de visualización, imaginar buenos momentos, pensar en situaciones felices o soñar despiertos con nuevos proyectos y deseos, son las formas más sencillas de producir hormonas de la felicidad cuando necesitemos recuperar vitalidad y energía.

En este momento, mientras escribo este libro, no pueden faltarme las siguientes maravillas en el lugar donde me encuentro: una música que me estimule, aromas que me motivan a quedarme en este sitio (incluyo la visita de mi fiel perrita), fotografías de personas y lugares que le dan gran sentido a mi esfuerzo por hacer algo bueno, por trascender. Hago todo un "ritual" antes de sentarme a escribir. Me gusta iniciar con una oración y recordar el propósito que me tiene aquí: y ese propósito eres tú, que aunque probablemente no nos conocemos, estás leyendo algo que quiero compartir para ayudarte a valorar más la vida. Con frecuencia, no percibo la noción del tiempo y me levanto para despabilarme después de horas. Entonces recuerdo algo que me hace reír, alguna experiencia que me hace sentir bien. Recuerdo a personas y momentos que me mueven, y regreso más inspirado y fortalecido para continuar. Si son tantos los beneficios, ¿por qué no sentirlo más seguido? ¿Por qué esperar a que alguien nos lleve a recordar momentos que nos hicieron felices si nosotros podemos hacerlo cada vez que estemos cansados y a punto de desistir?

¡Emociónate sólo porque sí!

Lo más increíble es que también, si tú lo deseas, en este momento puedes sentir la emoción de la alegría aunque no haya motivo aparente. Emocionarte sólo porque sí. Alegrarte como si te dieran una noticia muy esperada. Reírte, carcajearte, aunque no tengas motivo, sólo por la sensación de bienestar que queda después de hacerlo y por los grandes beneficios que tiene en nuestro organismo reír.

Si después de una emoción enorme el cuerpo queda con una sensación de bienestar increíble, ¿por qué esperar a que las circunstancias estén de tal forma que tú sientas emoción? ¿Por qué no manifestar eso aunque no haya motivos?

En este instante puedes emocionarte *sólo porque sí*. Pero te hago una observación: procura hacerlo solo. No falta quien puede pensar que estás entrando en un estado de locura y dirán: "¡Ya te perdimos!"

Descarga esas hormonas de la felicidad una, dos o más veces al día, sin necesidad de que haya en ti motivos trascendentes para que suceda. Siente esa emoción sin causa, lo que dará una descarga de felicidad a tu día. Visualiza un futuro promisorio. Imagina que lo que viene es lo mejor que puede sucederte y siéntelo como si ya hubiera ocurrido. De ti depende tener descargas de felicidad sin motivos y llenar tu cuerpo de bienestar y salud. Te ayudará a sobrellevar las cargas diarias de una forma más ligera. Te llenará de una fuerza invisible que revitaliza las células de tu organismo.

En una ocasión en la que llegué a mi casa encontré a mi esposa riendo a carcajadas mientras veía una película. Me platicó la trama y en menos de un minuto yo estaba igual, riendo por algo tan simple y espontáneo. Lo que más risa nos daba no era la película en sí, sino la risa de ella y la mía. Lo simple que puede ser un momento y los beneficios que pueden tener.

Eso mismo me sucedió muchos años después con mi hijo César, cuando él tenía sólo 3 años. Recuerdo que al llegar al lugar donde él estaba me recibió con un fuerte abrazo y lo inundé de cosquillas. Oír su risa me contagió y al momento estábamos riendo los dos sin parar.

Los cursos de risoterapia incluyen ejercicios similares a que conté líneas arriba. La risa pone en acción a cerca de cuatrocientos músculos, lo que a su vez estimula a los sistemas circulatorio y respiratorio, intensifica la secreción de adrenalina (hormona que activa el estado de alerta), e incrementa el flujo sanguíneo hacia el cerebro. Pero esto no es todo, también produce cierto impulso eléctrico en determinadas estructuras faciales, el cual se traslada al centro del sistema límbico (porción cerebral en donde se generan las emociones), lugar en que se promueve la liberación de las hormonas de la felicidad, las que proporcionan adicionalmente un efecto analgésico y de bienestar.

Una risa sin motivo aparente puede tener también grandes beneficios. Te recuerdo que el subconsciente no sabe diferenciar entre lo que es verdad o no. Si ríes o sonríes sólo porque sí, puede ocasionar también beneficios adicionales a tu salud. Tu subconsciente interpretará esto como signo de bienestar y secretará sustancias que te ayudarán a sentirte mejor. Supongo que de ahí viene el conocido dicho: *"Al mal tiempo, buena cara."*

Reír sin razón, sonreír aunque las cosas no vayan bien, siempre será un buen inicio. Depende de cada uno de nosotros y del estado de ánimo que tengamos. Es una decisión individual si permites que el día pase sin pena ni gloria.

El mal carácter se contagia. El buen carácter también. Emocionarte sin alguna razón en especial y tener en mente la necesidad de llenar nuestros momentos de vida con alegrías debe ser prioritario.

Tu ánimo puede cambiar en un instante, si tú así lo decides. Ahora mismo puedes alegrarte sólo porque sí. Puedes emocionarte si lo deseas. No esperes a que todo esté a tu favor para que esto suceda. No esperes a que alguien llegue y te dé la noticia que tanto anhelas o una sorpresa que jamás imaginaste recibir, para emocionarte y sentir dicha en tu corazón.

Quien no se siente agradecido por las cosas que tiene, tampoco se sentirá satisfecho con las cosas que desearía tener.

¡Emociónate porque puedes ver, porque sientes, porque escuchas, porque vives, porque estás relativamente sano o mucho mejor que otras personas que desearían estar como tú!

No esperes que lo inesperado se haga presente para modificar tu estado de pasividad o de indiferencia. Procura emocionarte continuamente de lo que consideras simple para convertirlo en importante. Las cosas sencillas son las que conforman cosas grandes y hacen que la vida tenga sentido.

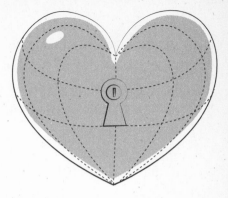

Blindaje emocional para la felicidad

Me considero un firme promotor de la cultura de expresar lo que uno siente. Si lo que sientes es afecto, aprecio, cariño o amor, ¡nada mejor que decirlo! Abundan las historias de quienes padecen autoestima baja y son víctimas de chantajes emocionales porque desde la infancia no tuvieron la seguridad de sentirse amados. En ellos es común la falta de muestras de afecto en etapas cruciales como la niñez y la adolescencia.

Hay que decir te quiero, pero decirlo a tiempo. Expresar frases que reconforten y aumenten la seguridad como "me siento orgulloso de ti", conforma una coraza que nos protege contra los depredadores del bienestar.

Múltiples investigaciones afirman que muchos de los problemas de seguridad y autoestima tienen relación directa con el afecto, la seguridad y la aceptación que sintieron las personas durante las primeras etapas de su vida.

Nacer en un hogar donde el amor se expresa con gran fuerza es una de las mejores bendiciones por los grandes beneficios que conlleva. Por el contrario, nacer en un lugar donde las muestras de cariño y aprecio brillan por su ausencia, y son sustituidas por gritos, reclamos o indiferencia, es un verdadero suplicio por el efecto que a la larga puede tener.

Recuerdo la historia de un radioescucha que se comunicó con nosotros a la cabina cuando tratamos el tema de blindaje emocional, él expresó lo siguiente: "Nací en un hogar donde los gritos y los reproches eran el pan de cada día. Mis tres hermanos y yo vivimos con un padre que jamás nos expresó un *te quiero*. Mi madre trabajaba todo el día, pues con el salario de mi papá era insuficiente para sostenernos. Mi mamá padecía de depresiones frecuentes y muy rara vez nos daba muestras de afecto. La labor de ella consistía en alimentarnos y revisar que cumpliéramos con las tareas. Así crecimos todos. Hoy tengo 20 años y fácilmente me deprimo por los comentarios de los demás. No puedo superar la ruptura amorosa de la única novia que he tenido. Siempre creo que la gente habla a mis espaldas y cuando alguien hace un comentario gracioso, frecuentemente, creo que es una burla dirigida hacia mí."

La sensación que tuve al escuchar este testimonio fue de tristeza y preocupación por la gran cantidad de personas que viven algo similar. Todo esto se podría evitar si tuviéramos los conocimientos adecuados sobre cómo blindar emocionalmente a los niños.

El blindaje emocional se forma durante los primeros años, y los padres somos los encargados de fortalecerlo, mediante palabras de aceptación y cariño.

No se vale decir la típica frase que intenta escudar este tipo de acciones: "Mis abuelos eran secos, mi papá era seco, pues seco seré..." ¡Qué culpa tienen tus hijos de tu sequedad! En plena era de la comunicación y del conocimiento, no se vale causar daños de esta magnitud. No confundamos a quienes por su personalidad son serios, pero expresan a su manera los afectos. Me refiero a quienes tienen como costumbre incluir en su repertorio de palabras y frases solamente las correcciones, los reproches, los agravios y las quejas. Quienes jamás han entendido la fuerza del reconocimiento.

En una pareja, noventa por ciento de la importancia de la comunicación se basa en el lenguaje no verbal. A veces decimos más con gestos, miradas, posturas, que con palabras. Este mismo porcentaje se aprecia más en las primeras etapas de la vida, en los primeros encuentros de la relación madre-hijo.

Cuando el niño crece y se convierte en joven o adulto, vemos que los besos, los abrazos o las muestras de afecto, contribuyen enormemente a que se sienta valorado, apreciado y fortalecido.

Si alguien quiere expresar con más fuerza su solidaridad y afecto, tiende a abrazar y sobar al mismo tiempo. Cuando un niño se cae, la mamá inmediatamente lo carga y frota con fuerza el área de dolor en el cuerpo de su hijo deseando que con esas caricias disminuya el dolor.

Cuando murió mi madre, la gente que me acompañó en tan duro momento me expresó su afecto y solidaridad de muchas formas. Dentro de esa variedad también había quienes me abrazaban y acariciaban la espalda intentando mitigar de alguna manera mi dolor. Imagínate, fue ¡una sobadera tremenda!

No sabía ni entendía la razón de por qué la gente lo hacía, pero posteriormente aprendí que es porque las caricias, los besos y los abrazos también estimulan la descarga de endorfinas y, por lo tanto, se percibe una sensación de bienestar. Sobarnos cuando nos caemos ayuda de igual forma.

Otra forma de comprobar la secreción de endorfinas u hormonas de la felicidad es constatar la impresión placentera que se produce al rascarse cuando se presenta la comezón. Si esa sensación continúa y la persona se sigue rascando, llega un momento en el que es tan placentero que se provoca daño en la piel. ¿Te ha sucedido que entre más te rascas menos puedes dejar de hacerlo?

Varias investigaciones confirman los grandes beneficios de prodigar afecto a los bebés. Una de estas indagaciones es la del neurofisiólogo James W. Prescott, realizada en cuarenta y nueve culturas. En las sociedades donde se insiste ampliamente en los cuidados, las atenciones y los afectos especiales a los bebés, la taza de codicia, robos y asesinatos, es más baja que en lugares donde este aspecto no se toma en cuenta. En las sociedades donde no se acostumbra o se demuestra escaso afecto hacia los bebés, las injusticias son más frecuentes, el estatus de la mujer es inferior y los dioses son representados como seres agresivos. Prescott considera que el calor humano durante la infancia, ser más afectivo y expresivo en la niñez hace que los seres humanos crezcan en una *psicobiología de paz*.

Ahora entiendo por qué la carencia de afecto y falta de expresividad causa tanto daño, especialmente en estos días en que se ha desatado la violencia en tantas partes de mi amado país. Las investigaciones afirman que muchos de estos individuos violentos tuvieron carencias afectivas durante su primera infancia, situación que los hace crecer con amplio resentimiento hacia la sociedad.

Estoy convencido, respecto a los niños y adolescentes, que el calor de los padres hacia sus hijos les proporciona una gran seguridad, un blindaje que los protegerá contra ofensas que recibirán a lo largo de su vida. Un blindaje que les ayudará a sobrellevar más rápido sus pérdidas y a llevar una vida más placentera. Asimismo, les ayudará a sentirse bien consigo mismos e incrementar su autoestima.

Cuando en seminarios detecto a participantes jóvenes que demuestran una seguridad extrema, que saben socializar y expresar sus ideas de forma asertiva, les pregunto sobre su infancia y, en general, cuentan que tienen a alguien responsable de infundir calor, amor y seguridad, además de haber tenido un rendimiento superior en la escuela.

En otro estudio realizado a diez mil hombres israelíes, se arrojaron resultados sumamente interesantes sobre su salud, hábitos y circunstancias. Entre algunas de las variables estaba: *¿Su esposa le demuestra que lo ama?* Una respuesta negativa a esta pregunta era el indicador más confiable de una posible angina de pecho.

No queda la menor duda de que el calor proporcionado por el afecto y el amor de los demás nos sana. Esto también lo comprobé con la gran cantidad de personas que me tocó atender a lo largo de mis prácticas profesionales como médico en el Hospital Universitario de mi ciudad.

Un caso en particular fue el de Benjamín, un hombre de 76 años que sufría de múltiples enfermedades. Él no tenía familia ni nadie que lo visitara. Durante casi cinco meses estuvo prácticamente abandonado a su suerte y a los cuidados del personal del hospital. No mejoraba y su deterioro iba en aumento. Cuatro compañeros y yo hicimos el propósito de darnos el tiempo de platicar con él, de pedirle que nos contara su historia, que expresara sus recuerdos de la infancia. Al principio casi no hablaba, pero conforme pasaron los días ¡no lo callábamos! Aunque nos repetía la misma historia una y otra vez, él disfrutaba recordarlo. Era notoria su expresión de alegría cuando alguno de los cinco llegábamos a visitarlo. Benjamín mejoró notablemente y fue dado de alta un mes después.

A propósito de la importancia del afecto, comparto otro estudio muy impactante: un grupo de estudiantes de la Universidad de Harvard fue sometido a distintas pruebas para un trabajo de investigación sobre la longevidad. Todos los datos básicos referentes a la vida de estos estudiantes fueron registrados. Treinta y seis años más tarde, ciento veintiséis accedieron a participar de nuevo en el estudio. Los resultados fueron impresionantes. Los participantes fueron divididos en dos grupos: en uno se puso a los que años atrás describieron a sus padres como personas cálidas, pacientes y afectuosas. En el otro grupo estaban quienes describieron a sus padres como impacientes, fríos, incluso agresivos. Lo más sorprendente fue que los del primer grupo mostraron una incidencia inferior a la media de padecer úlceras, alcoholismo y enfermedades coronarias, mientras que el segundo grupo mostró una tasa muy superior a la media.

En el primer grupo, veinticinco por ciento de los participantes había padecido una enfermedad grave; en el segundo grupo, ¡ochenta y siete por ciento!

Si esto sucede con quienes reciben actos de bondad, de confianza o de amor, imagínate los beneficios que tendrán quienes lo otorgan. Dar siempre es más provechoso que recibir. Y dar afecto, estoy seguro, se traduce en bienestar mutuo, de quien lo recibe y de quien lo otorga.

Me pregunto en este momento, mientras escribo acompañado de mi perrita, una chihuahueña cariñosa y noble, acostada a mi lado en el sillón, ¿quién se beneficia más en este momento, mi querida mascota o yo? Como es pequeña se acurruca en el mismo sillón donde escribo y, espontáneamente, la acaricio. Vuelvo a preguntarme, ¿quién se beneficia más de estos momentos, de esta compañía, la perra o yo? Sin discusión, el beneficiado soy yo. Más, porque se ha comprobado que quienes viven solos, pero acompañados por una mascota, viven más años y pueden recuperarse más rápidamente de enfermedades.

Por cierto, hablando de perros, la siguiente reflexión no está de más: si tienes en tu hogar uno de estos nobles animalitos y llegas a casa y no te mueve la cola ni se inmuta, es señal de que algo anda mal, un reflejo de que tu carácter, agresividad o tu indiferencia están causando estragos y hacen que el animal no se alegre con tu presencia. Si el perro reacciona así por tus actitudes, sólo imagínate ¿quién más lo hará?

Qué mejor manera para promover ese blindaje emocional que con las reflexiones de la composición "Sigo en pie", que encontré no recuerdo si en un folleto o en una revista, pero la anoté porque me gustó mucho para compartirla con mis seres queridos, te comparto a continuación estas reflexiones:

Me siento, a estas alturas de la vida, casi igual que cuando era joven. Mis propósitos, afanes, preocupaciones, planes, ilusiones, temores, limitaciones, aspiraciones y aficiones tienen, en lo general, las mismas características que en aquellos tiempos.

Estoy muy lejos de plantear mi felicidad con base en los bienes materiales y sigo siendo capaz de disfrutar lo que tengo sin caer en la desesperanza por obtener aquello de lo que carezco.

Tengo la fortuna de apreciar y dimensionar lo que me rodea y vivo en armonía con lo que soy capaz de generar por medio de mi trabajo diario.

Sigo esforzándome diariamente por ganarme el cariño y respeto de mi familia, amigos y compañeros de trabajo, pues siempre he sabido que los amores se mantienen y crecen a la luz de la devoción y el cariño con el que se cuidan y bien les hace regarlos frecuentemente con agua del corazón.

Mantengo vivos mis amores, los pasados y los presentes, porque ellos me dan la energía para seguir caminando.

Conservo los afectos de mis amigos en el reducto interno que para cada uno he ido formando a través de los años y lo cuido como un espacio que a perpetuidad y por derecho a cada uno corresponde.

Guardo un especial agradecimiento a todos aquellos que han aportado con generosidad un pedacito de su alma y su corazón contribuyendo a hacer de mi lo que soy ahora y lo que seré mañana.

Uso como energía pura la confianza que tuvieron y tienen en mí quienes me han ayudado a formarme durante todos estos años. Esas personas que estuvieron conmigo durante mis años niños, mis años jóvenes y mis años adultos, y que, en conjunto me han preparado, espero, para vivir bien mis años viejos que pronto habrán de venir.

Tengo presente a mis antepasados quienes me ofrecieron sus hombros para que mis pies comenzaran su trayecto, y cuido que mi par de piernas sean fuertes para que se apoyen en ellas los pasos de quienes de mí nacieron.

Procuro que mis pies se conserven firmes y en contacto con el piso, aunque es frecuente que mi imaginación se dé el lujo de volar y de soñar con un armonioso hoy y un mejor mañana.

Cuando en mí existe frío, producto de las lejanías, desavenencias y desencuentros con mis semejantes, llamo a la hoguera de mi corazón para que me fortalezca, y le pido que me dé el calor que me permita asumir mis culpas para saber pedir perdón.

Y cuando recibo por cualquier motivo la disculpa ajena, trato de ser de fácil perdón y olvido. Bastante penitencia paga quien asume su culpa como para que se cometa el exceso de hacerle el momento más difícil.

Procuro vivir en paz conmigo mismo pues sé bien que no se puede ofrecer tranquilidad cuando uno mismo no la tiene para sí.

Sé que para volar solamente se requiere dar fuerza a las alas de nuestra imaginación y tomar rumbo hasta donde la nada existe.

Sueño con una vejez acompañada, en donde la mano de ella sea mi guía y donde la mía sea su sostén.

Quiero repetirme en cada acto de quienes buscan una forma digna de vivir y que sus afanes impregnen mi alma para seguir adelante y vivir cada día como manda Dios.

Quiero tener algún día el privilegio de llegar hasta lo más alto, donde el espíritu tiene su fortaleza y nuestra fe su razón de ser.

El poder de los pensamientos para lograr el placer de vivir

Hace algunos años, en mis inicios como conferencista, me encontraba en la Ciudad de México impartiendo una serie de seminarios. Al finalizar aquellos días de intenso trabajo, me fui a un centro comercial y encontré en uno de los almacenes un traje que me encantó. ¡Más me gustó porque estaba al cincuenta por ciento de descuento! Lo compré y al día siguiente no me quedé con las ganas de estrenarlo de regreso a mi casa. Llegué al aeropuerto y, para mi sorpresa, mucha gente se me quedaba viendo. Me veían de arriba abajo y yo, pues, ya sabrás, pensaba: "No puede ser que un traje atraiga tantas miradas." "¡Por supuesto que la envoltura es importante, pero el muñeco no está para menos!" Digamos que era una dosis de autoestima que me daba al pensar eso.

Incluso hubo un señor de edad avanzada que me hizo una seña juntando el pulgar con el índice como exclamado "¡Ok! ¡Perfecto!" Sentía que jamás me iba a quitar ese traje. Cuando estaba a punto de abordar el avión, una dama que iba atrás de mí en la fila me tocó por la espalda y conteniendo la risa me dijo: "Oye, traes las etiquetas colgadas en la espalda." ¡Etiquetas que decían cincuenta por ciento de descuento! Por supuesto que sentí que el piso se abría a mis pies. Bueno, ¡eso hubiera deseado en ese penoso momento! Pero no. Entendí que ¡me veían por la etiquetas, no por el traje y mucho menos por la percha!

Aprendí varias lecciones. La primera, quitar las etiquetas siempre que estrene un nuevo producto. Por cierto, lo verifico una y otra vez desde entonces, ¿será trauma? No sé…

Segunda, que somos muy dados a suponer, a creer cosas sin sustento. Por otra parte, atraer tantas miradas alimentó mi ego y me hizo sentir que de verdad "sí las podía", si mejoraba mi apariencia. Una ilusión que terminó al enfrentarme a la realidad. La mente puede hacernos creer y ver lo que no es. Para bien y para mal.

La mente es sumamente influenciable, y por medio de los pensamientos que decides tener puedes modificar tu presente.

Si en este instante piensas en toda la variedad de tragedias que puedes tener si sales de tu casa, incluyendo la posibilidad de que alguien te haga daño a ti o a la gente que más amas, de inmediato empezarás a sentir la taquicardia, la ansiedad y la incertidumbre, ¡querrás modificar tu presente! La mente hace imágenes y tu subconsciente te convence de que son realidad.

O peor aún, si en este momento te pido que pienses en la gran variedad de enfermedades que puedas tener en diez años, y en el alto índice de probabilidades que tienes por herencia o por no cuidarte de padecer alguna enfermedad, puedo asegurarte que ocasionaré en ti una sensación muy desagradable, sin ningún beneficio.

Cambia completamente tu presente el recordar historias de tu pasado que te hacen sentir mal, que quisieras que no hubieran ocurrido. Esto modifica tu estado actual y no precisamente para bien.

Si, por el contrario, te pido que recuerdes momentos que te hicieron muy feliz en tu pasado, que marcaron favorablemente tu vida, momentos donde lloraste pero de tanto reír; y luego te pido que interrumpas la lectura y lo hagas por unos segundos.

… … … … … … … … …

Ahora percibe cómo te sientes. ¿Cómo es posible que nuestra mente y nuestros recuerdos puedan modificar nuestro estado de ánimo? Si esos momentos se repitieran, se modificaría enormemente nuestro estado de salud física y mental.

¿Por qué no repetirlos? Si con la mente puedo hacer que mis emociones cambien, ¿por qué no utilizar esto a mi favor?

Es impactante la cantidad de pensamientos que podemos tener al día: aproximadamente setenta mil. Más impactante es la cantidad de energía que derrochamos al pensar una y otra vez en lo que nos hace sentir mal, porque gran parte de esos pensamientos son repetitivos y, desafortunadamente, ochenta por ciento de esos pensamientos son negativos.

Por naturaleza queremos controlar todo lo que está a nuestro alrededor y no somos capaces de controlar lo que está en nuestro interior. Lo peor es que no todos los pensamientos son ciertos, sin embargo, por su repetición constante, les creamos una realidad virtual que desmotiva, entonces nos invade la zozobra y la incertidumbre por lo que aún no ha ocurrido, o por situaciones que son sólo suposiciones.

Una de las recomendaciones más importantes que hago a quienes capacito cuando toco el tema de hablar en público está precisamente relacionado con este tema: "Te ves mejor de lo que te sientes."

Uno de los temores más grandes que experimentamos es hablar frente a un grupo de personas que pueden, o tal vez no, tener interés en escucharte. Los pensamientos pueden ser derrotistas desde antes de hablar, o de optimismo pleno, con la convicción de que lo que vas a compartir será de interés o del agrado de la audiencia.

En general, te ves mejor de lo que te sientes. Ésta es una premisa que me repito una y otra vez, porque los nervios provocan una taquicardia que normalmente no se ve; el temblor puede ser sutil o imperceptible, y la sudoración excesiva puede ser contrarrestada con un buen desodorante o, incluso, con el tipo de ropa que utilices (que sea de preferencia oscura).

El ejercicio mental previo es fundamental. Evita que la mente haga de las suyas y provoque que creas como cierto algo que no es real. No supongas algo que no te consta o que no es verdad. Creer que no eres capaz, que no tienes la presencia ni el contenido necesario para mantener la atención de los presentes, hace que ese momento se convierta en un verdadero infierno. La mente, en lugar de ser tu aliada, se vuelve tu enemiga. ¿Te ha sucedido algo similar?

Recuerdo la ocasión en la que impartía una de mis conferencias cuyo tema era "Cómo tratar con gente imposible o insoportable", a un grupo muy grande, la mayoría eran hombres de negocios acompañados por sus esposas. En segunda fila estaba un hombre de alrededor de cincuenta años con su esposa. Mientras él estaba serio, serio, con cara de pocos amigos, ella sonreía nerviosa durante gran parte del evento. En varios momentos de la conferencia en los que el público reía, el hombre hacía muecas de incomodidad. ¡Ya te imaginarás cómo me sentía! No es que quiera agradarle a todo el mundo, pero él se encontraba frente a mí, ¡imposible dejar de verlo! Entre más procuraba quitarlo de mi punto visual, más lo veía. El hombre jamás sonrió. Jamás expresó una muestra de aceptación. Al finalizar, el público reaccionó de forma muy favorable, con excepción de aquel hombre que por más que intentaba no verlo, mi mirada regresaba a él para constatar una y otra vez su cara de amargura.

Realicé la firma de libros, y cuál fue mi sorpresa que el hombre estuvo inmóvil a un lado de la fila sin gesticular ni hablar, acompañado de la figura sumisa y abnegada de la esposa, quien sí me sonreía, pero más con un gesto de vergüenza que de alegría.

Al finalizar, el hombre se me acercó con paso firme y la misma actitud arisca; obviamente, me espantó conforme se aproximaba, y más porque en esos momentos la inseguridad y la violencia en la ciudad donde me encontraba estaba más fuerte que nunca. Se plantó frente a mí para decirme con tono muy serio: "Muchas gracias por su conferencia. Me llegó muy fuerte. Me ayudó a entender que soy muy difícil para mi familia… Con permiso, y nuevamente, muchas gracias." Las piernas me temblaban, no le pude ni contestar, en ese momento pensé, "no puede ser que la mente me lleve a hacer juicios sobre personas que no conozco o situaciones que no han ocurrido y que, probablemente, jamás sucederán. La mente no siempre dice la verdad y mucho de lo que vemos está basado en suposiciones".

Pensamientos que influyen en tu estado de ánimo

Si pudiera expresar cuál es mi mayor avance respecto a lo que he aprendido en los últimos años, sin lugar a dudas diría que una de las cosas más importantes ha sido reservarme el derecho de admisión de mis pensamientos con calidad.

Nada me ha dado más paz y tranquilidad que el hecho de evitar que los pensamientos negativos se apoderen de mi presente. He avanzando mucho en este aspecto. Increíble, pero sí es posible. Durante mucho tiempo di rienda suelta a aceptar cualquier tipo de pensamiento que llegara en forma deliberada o espontánea.

Cambiaba radicalmente mis estados de ánimo al permitir la entrada libre de pensamientos que amargaban mi presente.

Recuerdo la ocasión en que estaba con mi familia poniendo el árbol de navidad. En el momento en que colocaba las luces empecé a imaginar lo que pasaría si hubiera un corto circuito. ¡Y eso que tomé las medidas precautorias!, mi mente hacía una y otra historia de lo que podría pasar. De ese pensamiento me fui a otro relacionado con un padre de familia que perdió a dos de sus hijos en un incendio. ¡Después pensé en lo que pasaría si se caía el árbol! ¡Tragedia, tras tragedia! La serie de pensamientos relacionados *con lo que pudiera ocurrir* provocaron en mí una sensación muy desagradable, que mis hijos y mi esposa detectaron. Luego me preguntaron por qué en forma tan repentina me había puesto tan serio y pensativo. Obviamente empecé mi cátedra de prevención de accidentes navideños, que de verdad en ese momento no venía al caso.

Si comparto esta historia es por la facilidad con la que confundimos la prevención con la negatividad.

Puedo hacer el esfuerzo necesario para prevenir algo indeseable, pero no por eso voy a pensar en lo que puede ocurrir, aunque tome las debidas precauciones. Esa confusión es frecuente en todos los aspectos de la vida.

* Estudio y mucho. Mi mente imagina lo que puede ocurrir si repruebo.

* Cuido mi salud y pienso constantemente en que no me gustaría contraer ninguna enfermedad.

* Hago mi trabajo de la mejor manera, con profesionalismo y entusiasmo; con recurrencia estoy pensando en la posibilidad de no tenerlo en el futuro.

Recuerdo una entrevista realizada al Dalái Lama en su visita a México. Ese viaje fue sumamente controversial y conflictivo para las relaciones diplomáticas entre México y la embajada de China. El personal de dicha embajada se encontraba molesto por su presencia y trató de impedir la visita de dicho personaje en varias formas. En una rueda de prensa, un periodista le formuló una pregunta muy original al Dalái Lama:

—Su Santidad, ¿tiene usted enemigos?

Él hizo una pausa y contestó:

—*¡Claro que los tengo!*

Una respuesta no esperada por los asistentes, quienes esperaban con ansias que continuara con su explicación al respecto, o creyendo que iba a hacer referencia a la invasión del Tíbet por China, incluso hablar sobre las personas que querían boicotear su visita a México. Entonces dijo:

—Mis más grandes enemigos los tengo dentro de mí, y todos los días me peleo con ellos: son mis pensamientos.

Esos enemigos los tenemos todos. Identificarlos y evitar alimentarlos es lo que nos dará tranquilidad ante lo que no podemos solucionar en ese momento. Muchos de los pensamientos llegan sin invitación previa, incluso no buscan solución. Quieren desestabilizarnos y desconcentrarnos de lo que sí es realmente importante y que sí podemos hacer: ocuparnos de estar bien y felices en el tiempo presente, en el aquí y el ahora. Si los pensamientos negativos están constantemente presentes, tarde o temprano afectarán nuestras emociones. Comparto contigo esta historia que hace años me contaron:

Un viejo jefe de una tribu estaba inmerso en una charla con sus nietos acerca de la vida. Él les dijo: "Una gran pelea está ocurriendo dentro de mí… es entre dos lobos. Uno de los lobos es la maldad, el temor, la ira, la envidia, el dolor, el rencor, la avaricia, la arrogancia, la culpa, el resentimiento, la inferioridad, la mentira, el orgullo, la egolatría, la competencia y la superioridad. El otro lobo es la bondad, la alegría, la paz, el amor, la esperanza, la serenidad, la humildad, la dulzura, la generosidad, la benevolencia, la amistad, la empatía, la verdad, la compasión y la fe. Esta misma pelea está ocurriendo dentro de ustedes y dentro de todos los seres de la Tierra".

Los niños se quedaron pensativos unos instantes, luego uno de ellos preguntó a su abuelo: "¿Y cuál de los lobos crees que ganará?" El viejo jefe respondió simplemente: "El que cada uno alimente…"

Bendito libre albedrío que nos permite decidir la calidad de los pensamientos que tenemos. Nuestra mala costumbre consiste en no detectar qué estamos pensando. Damos rienda suelta a pensamientos que nos hacen sentir mal y para colmo de males muchas personas son adictas al sufrimiento. Buscan mentalmente toda la serie de calamidades que tienen, o deberían tener en este momento, para no disfrutar el aquí y el ahora. Buscan obsesivamente las supuestas razones por las cuales no tienen derecho a disfrutar el placer de vivir.

El que busca, encuentra. Si no educas a tu mente a vivir en el presente y a ser feliz, siempre encontrarás razones para incluir sufrimiento en tu vida.

Esta es la clasificación de pensamientos que pueden afectarnos a tal grado que nos impidan disfrutar el placer de vivir el presente:

1. Lo que no deseo que ocurra hoy.

2. Lo que ya ocurrió y no puedo cambiar.

SUGERENCIAS:

Lo que no deseo que ocurra hoy. Por más que cuidemos los detalles y evitemos los riesgos en todo lo que deseamos o planeamos, siempre existirá la posibilidad de imprevistos.

No podemos evitarlo. Somos seres vulnerables y la libertad y decisiones de otras personas pueden afectarnos directa o indirectamente. Te recomiendo que cada vez que la mente insista en recordarnos todo lo malo que nos puede ocurrir hoy, sustituyas el pensamiento por lo que sí deseas que ocurra en este día. De esta manera fortalecerás activamente tu fe y atraerás algo positivo.

En eso consiste precisamente la ley de la atracción. En esforzarme en lo que deseo obtener con todas las estrategias y fuerzas que estén a mi alcance. Pensar y sentir como si ya fuera una realidad. La gran limitante que tiene el poder de la atracción es que desees algo pero solamente de dientes para afuera. No lo sientas con la intensidad y seguridad motivada por una enorme fe. A veces sucede que muy en el fondo de nosotros dudamos sobre la posibilidad de que se logre lo que tanto deseamos, y tampoco agregamos un ingrediente fundamental para que el anhelo se pueda cumplir: *el sentimiento*. Esto es *creer y sentir que se puede*. Tener siempre la sensación de que se logrará el objetivo.

Lo que ya ocurrió y no puedo cambiar. Pensamos una y otra vez en lo que pudimos haber hecho y no hicimos. En lo que dijimos y no debimos, en lo que quisiéramos que haya ocurrido y no sucedió. ¡El pasado ya fue! Por más que intentemos cambiar la historia no es posible. Tal vez cambiemos la reacción y el tipo de pensamientos que tenemos de ese pasado, más no el hecho en sí. Es en vano estar horas y horas pensando en lo que no quisimos que ocurriera. Mi recomendación es que recuerdes esta frase: *"Los recuerdos son maravillosos cuando te hacen sentir bien en el presente. Si lo que piensas te entristece, tú decides cambiar el recuerdo".*

Me resulta difícil creerles a quienes afirman con seguridad que no cambiarían nada de su pasado. Creo que sólo es una expresión basada en algo que para ellos es imposible de modificar y desean aceptar la realidad. Pero, en el fondo, siempre hay quien desearía tener un borrador capaz de eliminar de la película de su vida aquello que lo alejó de la tranquilidad, aun con la experiencia que este suceso le dejó.

Sin embargo, un gran porcentaje de personas afirman que no cambiarían nada, absolutamente nada de su pasado. Mi programa de radio ha sido un semillero de conocimientos para mí, de continuo aprendizaje, y más cuando tengo la fortuna de conocer a personas que comparten su experiencia de vida después de una adversidad.

He entrevistado a personas que han sufrido enfermedades *incurables*, pero que con base en la confianza, la actitud positiva y la oración, han logrado vencer la enfermedad. He conocido a cientos de personas que padecen algún tipo de discapacidad y han vencido los grandes obstáculos que se les han presentado. El común denominador de la gran parte de quienes expresaron su testimonio de vida es que su enfermedad o su adversidad ha sido su *maestro de vida*. Un maestro implacable, duro y que nadie quisiera tener, pero que ha transformado satisfactoriamente su existencia. Esto afirma una vez más que quienes han sufrido valoran más la vida.

Una de esas personas especiales que entrevisté es Esperanza Aguilera, quien escribió recientemente un libro donde plasma su aprendizaje después de su experiencia terrible de padecer cáncer en el recto. El título de su libro fue lo que más me llamó la atención: *La bendición del cáncer*. Y agregó como subtítulo: La remisión espontánea del cáncer es una decisión personal. ¿Cómo que "la bendición"? ¿Cómo una enfermedad tan desgastante para quien la padece y para la familia puede ser llamada así? Por supuesto que no dudé ni un momento en entrevistarla y mi sorpresa fue enorme cuando compartió su testimonio. Un cáncer en estadía III, con muy mal pronóstico en una mujer relativamente joven (46 años), sana, con una buena alimentación y que se ejercitaba diariamente. ¿Por qué yo?, ¿por qué a mi? Se preguntaba continuamente y sus respuestas iban dirigidas a la calidad de los pensamientos que tuvo durante una etapa de su vida. Pensamientos relacionados con el rencor y el resentimiento. "Casualmente" su enfermedad inició después de una serie de acontecimientos que la llenaron de esos sentimientos tan negativos. Ella aceptó los tratamientos de quimio y radioterapia, pero su impacto fue enorme cuando uno de los especialistas le dijo que tenían que extirpar su recto y conectar su intestino a una bolsa de colostomía de por vida. Ella se reusó con determinación a lo que pensaba era una "mutilación" de su cuerpo. No lo aceptaría de ninguna manera. El pronóstico era pésimo si no se sometía a esa cirugía. Al mismo tiempo cambió radicalmente su tipo de pensamientos. Inició una terapia de perdón apoyado por un terapeuta profesional y diariamente realizaba sesiones de agradecimiento y visualización positiva.

Se apoyó en la técnica de perdón que aprendió en un libro de Louise Hay que consiste en lo siguiente: visualizar a la persona que nos ha ofendido y decirle: "Te perdono por no ser como yo quisiera que fueras. Te perdono y te libero." Entonces imagínala llena de bendiciones, de todo lo que la hace feliz, y después imagínate a ti mismo feliz. Hazlo con cada persona que tienes que perdonar. Así, esta mujer modificó su personalidad de víctima y evitó a toda costa usar el cáncer para utilizar a las personas, ya que —según sus palabras—

muy seguramente este cáncer jamás desaparecería porque le habría dado una utilidad poderosa para permanecer.

Modificó sus pensamientos buscando siempre que fueran positivos. Y cuando detectaba pensamientos negativos, declaraba lo siguiente: "He decidido cambiar este patrón de pensamientos." "Renuncio a este patrón de pensamientos." "He cambiado ya mi patrón de pensamientos."

Esperanza repetía incansablemente pensamientos afirmativos y positivos, en presente y en primera persona. Por ejemplo: "Soy paz, soy salud, estoy bien y estoy en armonía con el Universo. Soy inteligencia, soy belleza, todo es perfecto, todo está bien. Mi vida es perfecta, gracias por lo que soy, gracias por lo que tengo, me amo incondicionalmente, amo la vida y soy creación divina. Gracias por mi cuerpo, gracias por mi familia." Y concluyó diciéndome: "Cada que volvían los pensamientos negativos, repetía el proceso." Así, esta mujer se apoyó en el amor inmenso de su familia y amigos.

Los médicos que la atendieron durante esos cinco meses no entendían como había desaparecido el tumor en tan poco tiempo. Esperanza afirma una y otra vez que el cáncer y otras enfermedades, pueden ser producidas por la calidad de pensamientos que tenemos. Por el rencor, el resentimiento, el odio.

Esperanza concluye que fue una bendición el cáncer por el cambio radical de pensamientos que tiene desde que lo padeció. Por haber tenido un aprendizaje de vida que le ayudó a valorar más el placer de vivir y a compartir lo que aprendió con miles de personas que han escuchado su testimonio o leído su libro.

Tú y yo somos resultado de los aciertos y de los errores que hemos tenido. Lo que somos es producto de lo bueno y de lo malo que hemos vivido, de las alegrías y las tristezas, de los momentos de dolor y tranquilidad. Y obviamente, quien más experiencias tiene, mayor sabiduría posee. Estoy convencido de que quien más ha sufrido más valora lo que tiene, sin olvidar que a veces resulta difícil entender ¿por qué tenemos que vivir el dolor para valorar? ¿Por qué después de una pérdida, cuidamos más a quienes sí están? ¿Será necesario el sufrimiento y la adversidad para abrir los ojos ante lo que sí tenemos?

Es imposible modificar el pasado. Imposible regresar el tiempo y cambiar nuestra actitud ante lo ocurrido. No podemos regresar la película de nuestra vida para corregir el argumento y darle brillo a nuestra actuación. Lo hecho, hecho está, pero lo que sí podemos hacer es aprender la lección y hacer los cambios necesarios para darle sentido a nuestra existencia.

Para lograrlo, hay que alejarse mentalmente de los fracasos pasados porque mantenerlos presentes una y otra vez en nuestro pensamiento es darles poder y vida. Además, al dejar esos puntos negativos en el subconsciente harán que vuelvan a repetirse. Lo malo nos afecta sólo si lo creemos, si lo aceptamos. Deja en el ayer lo que salió mal. Toma el aprendizaje necesario y mira hacia adelante.

Como respuesta, ten presente todos tus éxitos anteriores, por más pequeños que sean, de lo que se trata es de darle vuelta a los pensamientos negativos, así que cualquier cosa que alimente tus creencias constructivas será de gran provecho.

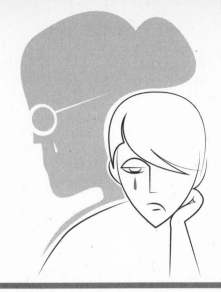

Estrategias para no ser víctima de pensamientos relacionados con el pasado

No es nada raro que sucesos que vivimos nos persigan y alteren nuestras emociones, nos afecten y durante mucho tiempo nos inquieten o nos atormenten. Como es lo más común y lo más difícil de cambiar, te hago las siguientes recomendaciones para enfrentar estas vivencias y, sobre todo, estos pensamientos:

1. Pregúntate qué aprendiste de esa vivencia. Por más amarga que haya sido la lección, aplica ese conocimiento en tu presente y en tu futuro.

2. Recuerda que gran parte de lo ocurrido es fruto de la libertad que tienes y que otros tienen. Tuviste la libertad de decidir dónde, con quién y qué realizar. No lo olvides,

más de ochenta por ciento de lo que nos ocurre es fruto de nuestras decisiones. Lo restante está fuera de nuestro control. Ser responsables de nuestros actos siempre es un buen principio de sanación.

3. La tercera recomendación es la más difícil, pero no imposible: por más dolorosa que haya sido la experiencia vivida, analiza qué puedes rescatar de eso, qué puede ser bueno dentro de lo malo. De todos los recuerdos negativos que hay en tu mente, ¿qué puedes rescatar? No es fácil hacer esto y se complica más si las heridas son recientes y el proceso de perdón hacia ti o hacia lo demás no está presente.

Un suceso ejemplifica perfectamente esta situación: la muerte de un ser querido, pues es motivo para pensar una y otra vez en lo que pudimos haber hecho mejor. Es motivo para recordar lo bueno y lo que *debimos hacer* para aprovechar más el tiempo con la persona amada. Aun con el tiempo, el amor y los cuidados que hayas otorgado a quien ya no está, la mente puede llevarnos a expresar frases como: "Pude haber hecho más…" "No debí haber hecho esto…" "Debí hacer aquello…"

Frases dichas desde el corazón pero que por más que las digamos no podrán regresar el tiempo para realizar más acciones en beneficio mutuo.

Con frecuencia, mi madre decía que a todos sus hijos nos amaba infinitamente. Que sentía un orgullo inmenso por todos mis hermanos y hermanas, sin excepción. Amaba la vida pero su temor a morir siempre estaba presente, y ese miedo llegó a amargarle muchos instantes memorables. Recuerdo que en una reunión familiar expresó una vez más el orgullo y el agradecimiento a Dios por los hijos que tenía, y agregó: "Yo le pido a Dios principalmente tres cosas cuando me muera. La primera, que no sufra en ese instante. La segunda, que si algún órgano todavía sirve, sea donado, y la tercera, que estés tú, César, tú que eres el médico, a mi lado, cuando ese momento suceda. Que estés a mi lado cuando me toque la hora de irme." Como ya era una costumbre cuando mi madre hablaba de estas cosas, le dije: "¡Mamá, no hablemos de la muerte. Disfruta este momento, este instante en el que estás más sana que nunca!"

Como un juego del destino, el día que repentinamente murió mi madre, estaba toda mi amada familia celebrando su aniversario de bodas. No faltaba nadie, excepto yo, que me encontraba realizando un programa de televisión. El dolor era inmenso y los cuestionamientos fluían constantemente: "Debí acudir con mi madre...", "no debí estar en el programa", "¿por qué, Dios mío, por qué?", y muchos otros más. Al paso del tiempo aprendí que sobran motivos para encontrar lo bueno en lo malo. Me faltan palabras para agradecer a Dios por el tiempo que la tuve conmigo. Claro que encontré lo bueno en lo malo: murió contenta, riendo, acompañada de la familia y cumpliendo dos importantes deseos: sin dolor y donando partes de su cuerpo para dar luz y esperanza a otras personas.

Esto me enseñó que tenemos que dejar que las cosas y las circunstancias fluyan. Todo toma siempre su cauce natural y tarde o temprano el aprendizaje de lo vivido siempre tendrá sus frutos.

Lo que puede ocurrir
y no depende de mí

Más adelante, te compartiré reflexiones acerca de las preocupaciones. Qué afán de pensar en lo que puede ocurrir mañana, en un mes, en un año, en diez años. ¡Qué desperdicio de tiempo pensar en lo que no ha ocurrido y que con mucha probabilidad nunca ocurrirá! En adelantar mentalmente nuestra vida para pensar mal. Si piensas en la gama de sucesos que pueden ocurrir mañana, te darás cuenta de que te estás preocupando de manera inútil por algo que no existe, que ni siquiera sabes que ocurrirá, al contrario, te olvidas de agregar en el menú lo que sí deseas que ocurra. Por eso te recomiendo:

1. Analiza de dónde y desde cuándo adquiriste el hábito nefasto de preocuparte de todo y por todo. Claro, sin afán de encontrar culpables, pero sí razones. Generalmente esa cos-

tumbre fue aprendida de alguien cercano, alguien de quien aprendimos que preocuparnos es parte de la vida y al paso del tiempo nosotros lo hicimos un hábito. No olvides que cuando conocemos el origen de las cosas negativas y de las malas actitudes es más fácil modificar nuestros actos.

2. Pregúntate ¿cómo te sentirías si no tuvieras esa preocupación respecto al futuro? ¿Qué pensarías hoy? ¿Qué sensación tendrías si eso que atormenta tu presente no estuviera? Analiza bien cómo aprovecharías el tiempo si no tuvieras la sensación de que te agobia muchísimo el futuro.

3. ¿Qué es lo mejor que podría ocurrirte y cómo te sentirías si así fuera? Si tuvieras la posibilidad de influir en el futuro por medio de tus pensamientos, imagina cuál sería el mejor panorama, cómo te gustaría que fuera el futuro; ahora percibe la sensación de bienestar en tu cuerpo. ¿No crees que sea mejor pensar de forma positiva? De nada sirve pensar en lo malo que pueda ocurrir, pues sólo hace prematuro tu proceso de envejecimiento. Siempre hay una esperanza, los milagros existen, especialmente en las personas que creen, aquellos que tienen muy claro que, para que las cosas ocurran, es fundamental empezar con desearlo con el pensamiento.

Por supuesto que un *pensamiento* provoca un *sentimiento*, y un sentimiento provoca una acción. El fruto de nuestras acciones inmediatas y futuras se debe al cúmulo de sentimientos y pensamientos que tenemos. Los pensamientos nos motivan o desmotivan. Nos hacen sentir bien o mal.

Recuerda que tu futuro depende en gran medida de tus *pensamientos dominantes*. Procura sanar tu mente con pensamientos positivos y gratificantes. Si piensas negativamente, las posibilidades de que un mal augurio se haga realidad incrementan. Si piensas en forma positiva, las posibilidades de que ese buen momento se logre también crecen. *¿Qué prefieres?*

Hay otros autores que hablan de otra clasificación de pensamientos:

PENSAMIENTOS NECESARIOS O MUNDANOS
Son aquellos que se refieren a nuestra rutina diaria como: *"¿Qué comemos?, ¿a dónde vamos?, ¿qué tengo que hacer hoy?, ¿cuánto tengo que pagar de renta?"* Pensamientos que tienen que ver con la vida diaria. Este tipo de pensamientos son normales y forman parte de nuestra vida. La mayoría de ellos son repetitivos y tú puedes influir positivamente en ellos agregando adjetivos que le den un matiz de optimismo. *"¿Qué comida deliciosa comeremos hoy? ¿A dónde me gustaría ir? ¿Cuánto tengo que pagar de renta de esta bonita casa?"* Son las mismas preguntas pero formuladas a mi favor. La repetición forja hábitos y esos hábitos son los que forjan nuestras acciones.

El diálogo interior se incluye en esta clasificación. Es el que todos tenemos y rara vez hacemos consciente sobre la calidad de pensamientos. Vamos manejando y pensando un sinfín de situaciones y panoramas. Pero, ¿pensamos en positivo o negativo? La mejor manera de saberlo es preguntarte cómo te sientes en este momento. El estado de ánimo depende en gran medida de la calidad de nuestros pensamientos positivos o negativos.

PENSAMIENTOS INÚTILES
Son los que no tienen utilidad constructiva ni particularmente negativa. Se refiere a cosas del pasado, como: *"Si es-*

*to no me hubiera ocurrido…" "¿Por qué me dijo eso?", "Si só-lo hubiera hecho esto…"*Demasiados pensamientos sobre co-sas que no podemos cambiar. Los pensamientos inútiles tra-tan sobre el futuro, por ejemplo: *"¿Qué va a ocurrir si…?", "¿Cómo va a ocurrir…?", "¿Qué haré si…?"* Muchos de nues-tros pensamientos entran en esta categoría y, aunque no son negativos, llegan a afectar nuestra fuerza interior y nos hacen sentir cansados.

PENSAMIENTOS NEGATIVOS Y/O DESTRUCTIVOS

Son los más dañinos, especialmente si los dirigimos a no-sotros mismos. Aparte del impacto que pueden causar a los demás, estos pensamientos ocasionan una gran pérdida de nuestra paz y fuerza interior. Los pensamientos negativos están basados en sentimientos como la ira, la avaricia, las expectativas insatisfechas, los desacuerdos, los celos, entre otros. Si nuestros pensamientos están basados en estas debi-lidades es como si estuviéramos envenenando nuestra propia mente y también nuestra atmósfera. No importa cuánta ra-zón tengamos, si pensamos con negatividad siempre seremos negativos y quejumbrosos. Estaremos expuestos a reaccio-nar en forma poco aceptable con las cosas que nos ocurran.

PENSAMIENTOS POSITIVOS

Son aquellos que tenemos en forma deliberada o que decidi-mos tener ante situaciones que pueden ser o no agradables. Es la forma de reaccionar positivamente a lo que nos su-cede, aunque estén presentes las adversidades. Son pensa-mientos basados en la esperanza y la buena voluntad de los demás, surgen para encontrar soluciones inmediatas a los problemas que se presentan. Responden al *como sí es posi-*

ble, en lugar de quejarnos y descalificar continuamente por los *porque no se puede*. Ser pesimista es muy sencillo, ser optimista requiere de esfuerzo y, sobre todo, de gran decisión y dedicación.

Al principio, buscar el lado bueno a lo malo puede ser considerado como una "actuación", pero conforme pasa el tiempo se convierte en un estilo de vida.

Los pensamientos positivos son los únicos que nos permiten acumular fuerza interior y nos capacitan para ser constructivos. Nos otorgan beneficio en todas las situaciones sin atraparnos en la apariencia externa de lo que percibimos. Pensar positivamente no significa que ignoremos la realidad a nuestro alrededor y pretendamos vivir en lo irreal, en una fantasía o deseemos ser otro. No. Pensar positivamente significa ver los problemas y reconocer su realidad, pero al mismo tiempo ser capaces de encontrar opciones optimistas a lo que vemos y percibimos.

A menudo, esto requiere tolerancia, paciencia y sentido común. Es fácil ser pesimista, así como también lo es ser optimista, pero necesitamos ser muy cuidadosos y maduros si queremos ser realistas, ya que en ocasiones un realista es un pesimista que encuentra razones a todas sus desventuras.

Una persona que piensa de forma positiva será consciente de las debilidades de los demás, pero aun así dirigirá su atención hacia lo bueno de los otros, sin importar que sean pocas las cualidades y muchos los defectos.

La mente es muy poderosa y controla todo tu cuerpo, por lo cual es necesario que mantengas siempre pensamientos positivos en ella. Recuerda que todo lo que has logrado fue primero creado en la mente, como una idea o proyecto.

Todo lo que está creado primero fue pensado en la mente de alguien. Es increíble la capacidad que tiene la mente de crear cosas que aún no están presentes; en la mente se da el primer paso para las creaciones más maravillosas. Incluyendo los pensamientos relacionados con el éxito, la salud y el bienestar. Si fuéramos verdaderamente conscientes del poder que tiene nuestra mente para crear antes de que sucedan las cosas, lo utilizaríamos a nuestro favor.

¿Cuántas veces permitimos el libre flujo de pensamientos relacionados con la pobreza, la debilidad, y somos premiados con eso mismo? De la misma forma, si cambiamos los pensamientos a circunstancias positivas, atraeremos un ambiente similar, una atmósfera positiva.

Recuerda que eres lo que quieras ser. Lo que pienses de ti mismo es lo más importante para que te ayudes o para que obstaculices tu camino. El primer paso para que las cosas sucedan es tenerlas en mente y desearlas con todo el corazón.

Ahora pregunto, ¿de quién depende que sucedan las cosas que queremos? Obvio ¡de cada uno de nosotros! Es aquí donde se aplica en forma acertada la frase *"somos arquitectos de nuestro propio destino"*, precisamente porque los pensamientos tienen poder y nosotros hacemos lo que pensamos porque creemos que es lo acertado. Es verdad que la calidad de nuestros pensamientos, tarde o temprano, se hace evidente con lo que decimos o con la forma en la que actuamos. Se nota lo que pensamos por la manera en la que nos expresamos de los demás, incluyendo por la expresión que continuamente tenemos cuando sonreímos. Se notan nuestros pensamientos por la forma en la que nos comportamos y cómo reaccionamos ante lo que nos ocurre.

Tenemos que ser conscientes de que a donde se dirijan nuestros pensamientos, allí estará también nuestra energía.

Si nos concentramos ahora en nuestros aspectos positivos, hacemos algo constructivo por nosotros y, por consiguiente, por nuestro entorno inmediato. Esto se puede entender como el mayor desafío de nuestros tiempos para el que necesitamos valentía y autoconfianza.

El pensamiento es como una semilla, cada uno produce su flor y su propio fruto. Así, los pensamientos pueden ser constructivos o destructivos, amorosos o rencorosos, de felicidad o depresivos.

Cuando somos capaces de entender y utilizar esta energía de la mente, la podemos canalizar para producir aquellos *frutos* que nos proporcionan más felicidad y nos permiten estar contentos.

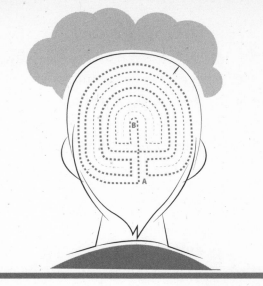

Convierte tu mente en tu mejor amiga

Queremos alcanzar un conocimiento más profundo de nuestra mente para entender cómo se crean nuestros pensamientos, cómo se expresan en palabras y acciones. Nuestra mente será nuestra mejor amiga, si la alimentamos frecuentemente con pensamientos positivos; pero se convierte en la peor enemiga, si le permitimos que dé rienda suelta a imaginar lo peor que puede pasar, lo incierto que puede ser el futuro y todo lo que aún no ha ocurrido y tiene un tinte fatalista. La calidad de este "alimento" depende por completo de nosotros.

Aunque las circunstancias exteriores influyen con fuerza, podemos convertirnos en los maestros de nuestra mente e ir más allá de las influencias. Y enseñar a la mente poco a poco a pensar a nuestro favor.

Este objetivo elevado depende de cuánto hayamos entendido los beneficios prácticos de pensar en forma positiva.

Sin este reconocimiento básico no nos sentiremos motivados para cambiar lo necesario en nosotros.

La mente es probablemente la parte menos comprendida del ser humano, tan poco conocida, que a la gente le resulta muy difícil entender qué es, cómo funciona y, sobre todo, cómo controlarla.

Sólo cuando comprendemos cómo funciona algo podemos tenerlo bajo nuestro control y dominarlo. Por eso, las condiciones de la mente son especiales, pues la mente no es algo material que podamos ver, tocar o medir con instrumentos científicos. La mente es algo invisible, aun así, sus efectos se pueden ver en nuestro rostro, en nuestras palabras o en nuestro comportamiento.

Por ejemplo, si nuestros pensamientos son de tristeza, aunque intentemos evitarla con una sonrisa artificial, tarde o temprano se hará visible a través de la mirada.

La mente es como el viento, invisible, no podemos verla pero podemos ver sus efectos. Es como los cimientos de una casa, no podemos verlos pero son los responsables de la estabilidad del hogar. Asimismo, la mente puede ser como las raíces de un árbol, que están bajo tierra y no podemos verlas, pero aún así, dan al árbol la fuerza para soportar las tormentas.

Algo muy importante que se aplica a muchos aspectos en la vida es que *nuestras palabras y acciones son el espejo de nuestros pensamientos*.

Al principio, hablamos del alimento para la mente. De la misma forma que alimentamos nuestro cuerpo a diario para que pueda mantenerse sano y fuerte, debemos alimentar la mente.

La gente hoy en día pone más atención en llevar una dieta sana y equilibrada, pero ¿cuántos ponen la misma atención al alimento de la mente, es decir, a la calidad de nuestros pensamientos?

Somos mente, cuerpo y espíritu. Estas tres áreas requieren alimento y cuidados. La mente se alimenta por medio de pensamientos que nos hacen sentir bien; el cuerpo, con una alimentación sana y balanceada; y el espíritu con base en tus creencias. Cuidar estas tres áreas es lo que proporciona armonía en la vida.

Hay aspectos que influyen en nuestra forma de pensar:

*Primero: todas las condiciones externas en nuestra vida diaria, por ejemplo, lo que vemos y oímos en los medios de comunicación y que tanto repercute en nuestro estado de ánimo; la gente con la que entramos en contacto; las situaciones que enfrentamos, personales y laborales.

Te ha sucedido que de repente sientes tristeza ¿y no sabes por qué? ¿O que amaneces con muy mal humor, digno de cualquier villano de película, y no sabes la razón? Mucho de lo que sentimos es por la influencia de circunstancias externas que hacemos propias. Películas que pueden impactarnos para bien o para mal. Personas que con su actitud y sus palabras, positivas o negativas, pueden influir mucho en nosotros para cambiar nuestros pensamientos o nuestro estado anímico.

Recuerda: el subconsciente todo lo guarda y nada cuestiona. Es por eso que nunca recomiendo ver películas de miedo, porque aunque sabemos que es ficción, la mente subconsciente tiende a guardarlo todo celosamente y sacarlo a relucir en nuestra forma de comportarnos.

*Segundo: conocimientos sobre temas que nos ayudan a cambiar nuestra calidad de pensamientos; es por eso que quienes leen mucho tienden a modificar sus acciones: *El conocimiento da seguridad*.

Quien acostumbra leer libros como este, de autoayuda, de superación personal, suele cambiar su forma de pensar y actuar. Un ejemplo: al finalizar una de mis conferencias, una persona se me acercó para decirme: "César, yo no necesito tu libro *Una buena forma para decir adiós* porque nunca he vivido duelos que me dañen significativamente, ni mucho menos he vivido un proceso de divorcio o separación." "Me alegra que me digas eso, le contesté, lo que pretendo es que mis libros sirvan mejor como prevención que como tratamiento. Que alguien los lea en un estado de paz y tranquilidad aparente, que tengan un mejor efecto que en momentos de crisis. Algo similar a la medicina preventiva".

Por eso deseo de todo corazón que este libro que tienes en tus manos logre causar un gran impacto en ti, si le dedicas tiempo en tus momentos de paz. En los momentos en los que *aparentemente* las cosas van muy bien. Digo *aparentemente* porque no siempre todo está en equilibrio. Queramos o no, estará latente la posibilidad de que nuestra mente se encargue de hacernos creer que no tenemos, o no debemos, sentirnos placenteramente bien. ¿Increíble, no? Pero es la verdad. Una parte de la población mundial siente temor o remordimiento cuando acepta ser feliz, esto se debe a ciertos condicionamientos con los que fuimos educados, los cuales derivaron en culpa extrema al saber que nos aman tal y como somos, pues nos sentimos *indignos* de ese amor; o bien, quedó en nuestra cabeza desde la niñez la firme idea de que las cosas saldrán mal en algún momento porque no puede existir tanta felicidad.

Cuando estaba a punto de nacer mi primer hijo, tuve un encuentro muy profundo con Alma, mi esposa. Le dije: "Todo lo que hemos vivido, con todo y sus sacrificios, ha sido bueno. Dios nos ha dado más de lo que hemos pedido, y no precisamente en el aspecto económico, sino en la forma como hemos solucionado las adversidades." Y agregué: "Quizá Dios *nos manda una prueba* para *medir* nuestra fortaleza, ojalá no sea a través de nuestro hijito tan deseado y esperado."

Hoy me cuestiono, ¿cómo es posible que me haya expresado así? ¿Cómo es posible que haya tenido semejante pensamiento, basado en la culpabilidad, en sentirme, sin merecerlo por completo, abundantemente bendecido por Dios? ¿Cómo no tomé en cuenta nuestros valores, la fe y el esfuerzo que siempre hemos tenido mi esposa y yo? No cabe duda de que tenemos un sentimiento de culpa, pues creemos que muchas cosas no las merecemos, por eso creemos ser *indignos* de recibir todas la bendiciones que llegan a nosotros. Además, en ese momento caí en la trampa, como muchos caen, al creer que nuestro Dios es castigador y está deseoso de medir la fortaleza de sus hijos tan amados.

Válgame, Dios. ¿Qué padre mortal en su sano juicio acostumbra ocasionar sufrimiento en sus hijos para ver qué tan fuertes son? ¿A poner pruebas tremendas para ver qué tanto aguantan? Menos nuestro Dios. No necesita estrategias de esta índole para medir la templanza, la incondicionalidad y el amor desmedido que decimos tenerle.

Lo cierto es que desde niños nos inculcan este tipo de aprendizaje que, a la larga, ocasiona incertidumbre, temor a disfrutar lo que por derecho propio merecemos. Dios nos dio la vida para ser felices, con todas las variables que se presentan en el camino. Es misión fundamental de cualquier ser humano encontrar las razones para ser feliz. Cada día tiene grandes motivos, mas no todos los días estamos anímicamente preparados para descubrirlos. Nos cegamos con los problemas que, a su vez, impiden las bendiciones que sí tenemos. Nos acostumbramos a sufrir por una y otra razón y creemos que ése es el estado normal de las cosas, olvidando el gran tesoro que significa vivir en armonía con nosotros mismos y con lo que nos rodea: allí está el verdadero secreto de la felicidad.

El psicólogo, escritor y especialista en terapia cognitiva, Walter Riso, expresó lo siguiente: *"La mente humana tiene una doble potencialidad. En ella habita el bien y el mal, la locura y la cordura, la compasión y la impiedad. La mente puede crear la más deslumbrante belleza o la más devastadora destrucción, puede ser la causante de los actos más nobles y altruistas, o la responsable del egoísmo más infame. La mente puede dignificar o degradar, amar u odiar, alegrarse o deprimirse, salvar o matar, soñar hasta el cansancio o desanimarse hasta el suicidio."*

Impactante, ¿no lo crees, querido lector?

Agrega inteligencia a la emoción

Si nos enfocamos con atención en las causas de nuestros actos y tenemos disciplina, podemos modificar nuestra conducta. Tú puedes crear conciencia y analizar el por qué de tus reacciones ante lo que te está sucediendo: "¿Por qué me siento así?" "¿Qué motivó o desencadenó el sentimiento que traigo en este momento?" "¿Qué o quién me hizo sentir tan mal que ahora veo 'moros con tranchete'?" "¿En qué se basa mi creencia de que todos la traen contra mí o por qué imagino que todos tienen intenciones negativas hacia mi persona?"

Por ejemplo, veo que me estoy enfadando debido a lo que alguien me está diciendo; sus palabras están creando pensamientos negativos en mi mente, así que pongo atención en mí mismo y meto el freno, pongo un punto final, para impedir la expansión o reacción innecesaria emocional.

Sin embargo, la influencia de los hábitos fuertes o del pasado de personas significativas en nuestras vidas, profundamente enraizados en la conciencia, es la más difícil de detectar y, por lo tanto, de controlar. Nos acostumbramos a sentir que si algo no está bajo nuestro control, debe provocar incertidumbre y malestar.

En algún lugar de mi interior debo tener la capacidad, o el poder, para filtrar o analizar los patrones o tipos de pensamientos creados, de manera que mis palabras y acciones puedan ser positivas y de beneficio para mí y para los demás.

Reaccionamos "al son que nos toquen", con base en lo que hemos aprendido, sin poner un filtro que nos haga abrir los ojos ante nuestras reacciones fuera de lugar.

Recuerdo que un día, hace muchos años, cuando llegué a mi casa en compañía de mis dos hijos, pequeños en ese entonces, al entrar a la cochera vimos una tarántula enorme. Para mis pequeñitos fue su primer encuentro con una araña de ese tipo. Mi hijita asustada gritó: "¿Qué es eso?" Yo le respondí asustado: "¡Es una tarántula! ¡Rápido, hijo, ve por una escoba, por cerillos y papel para quemarla!" Mi pequeño hijo sin cuestionar nada corrió por lo que le pedí. La maté aplastándola con la escoba y la quemé. Al poco tiempo mi hijito me preguntó:

—Papi, ¿por qué la mataste?

—Porque era una tarántula.

—¿Y qué tiene que sea tarántula? ¿Matan? –preguntó.

—Pues, … no… –contesté.

—¿Y por qué la quemaste?

—Porque quizá tenía "tarantulitas" en su interior.

—¡¿Cómo?!, entonces ¿era una madre? –preguntó indignada mi hijita. ¿Mataste a una madre?

¡Vieras qué mal me sentí!

Esa noche pensé una y otra vez en la decisión que tomé respecto a la tarántula, y llegue a la conclusión de que no debí matar al animalito, lo pude guiar al monte cercano y ya, así les hubiera dado un buen ejemplo a mis hijos. Pero el hubiera no existe. Y la lección me la dieron ellos, no yo.

Si hubiera agregado inteligencia a la emoción, mi proceder habría sido diferente. Creer que las tarántulas se matan tal vez lo aprendí de alguien que probablemente no sabía nada de arácnidos. Las tarántulas difícilmente dañan y obviamente no matan. ¿Por qué las matamos? *¡Por feas y peludas!* ¡Imagínate si ese mismo principio se aplicara entre los humanos! ¡Más de la mitad de la población del mundo desaparecería! (Claro que tú y yo no, aún continuaríamos aquí, ¡a eso se llama autoestima!).

Con frecuencia actuamos sin pensar ni analizar, y muchas veces no conectamos el cerebro con la lengua, expresamos palabras de las que luego nos arrepentimos. Hacemos algo que después desearíamos borrar. Todo por no analizar con anterioridad los pensamientos, o por falta de conocimientos en la materia.

Se vuelve costumbre nuestra forma de actuar. Por costumbre reaccionamos de forma agresiva o violenta cuando se nos contradice; por costumbre dejamos de hablarle a quien nos ofende; por costumbre nos peleamos en lugar de negociar... Pueden ser hábitos arraigados desde la infancia derivados de malos aprendizajes.

Esto me recuerda una historia que me compartieron. Era una mujer que recibió invitados en su casa. Preparó una deliciosa pierna de puerco. Una de las invitadas le preguntó por qué presentaba la pierna partida a la mitad en el molde. Ella contestó que porque así la hacía su mamá y su abuela.

Al finalizar la reunión, la anfitriona se quedó pensativa, ¿por qué partía la pierna a la mitad? ¿Por qué esa receta que le habían transmitido de generación en generación tenía esa peculiaridad? Así que al día siguiente le llamó a su mamá para preguntarle: "Mamá, ¿por qué partes a la mitad la pierna de puerco?" Su mamá le respondió: "Ay, hijita, no sé, pregúntale a tu abuelita, ella así la cocinaba." Entonces la señora le llamó a su abuela para hablar sobre lo mismo:

—¿La partiste a la mitad? –preguntó la abuela.

—Sí, abuelita. Así como le enseñaste a mi mamá y a mis tías.

—Mira hijita, yo partía la pierna a la mitad porque en mis tiempos los hornos eran pequeños y no cabía.

—¡De verdad, abuela!

—Sí, hijita, ¡no sé por qué ustedes la parten a la mitad!

¡Así que por costumbre y por no analizar, a veces cometemos fallas! Por eso repetimos las mismas acciones sin cuestionarnos por qué lo hacemos. El ser humano es cambiante por naturaleza y esos cambios nos deben ayudar para crecer, no para estancarnos.

Pero, ¿cómo se llama esta capacidad, este poder o facilidad para filtrar y analizar, para deducir y hacer mejor las cosas? Se llama inteligencia emocional o intelecto. La inteligencia emocional es un término acuñado por dos psicólogos de la Universidad de Yale, Peter Salovey y John Mayer; ha sido difundida mundialmente por el psicólogo, filósofo y periodista Daniel Goleman. La inteligencia emocional se basa en la capacidad de *sentir, entender, controlar y modificar cosas y situaciones en estados anímicos propios y ajenos.*

Una persona que trabaja de forma favorable su inteligencia emocional puede ser capaz de modificar su inteligencia *intrapersonal*, esto es, todo lo relacionado con el autoconocimiento y sus relaciones con los demás.

Actuamos por impulso o por reflexión. Por impulso es reaccionar sin pensar o meditar. Me hacen, hago; me gritan, les grito; me pegan, pego.

Reflexión es cuando primero analizamos y luego actuamos. ¿Habló mal de mí? Pienso en la cantidad de conflictos y carencias que ha de tener para que esté con la necesidad de hablar mal de quienes hacen algo por él. Recuerdo una y otra vez que detrás de una persona difícil siempre hay una historia difícil.

¿Me gritó?, le digo con paciencia que yo no le estoy gritando. Le pido que hablemos en tono de voz bajo. El trabajo de la mente es crear pensamientos sobre lo real o lo imaginario, luego éstos se convierten en palabras y acciones. En ese proceso es donde podemos agregarle inteligencia a nuestras reacciones.

Sabemos que las palabras tienen enorme poder. Si en tu infancia te dijeron que eras un niño muy inteligente porque realizabas tus tareas siempre bien, sin duda batallarás menos en los procesos de aprendizaje.

Si con frecuencia te dijeron que eras una niña preciosa y te lo creíste, aunque en realidad eras más bien feíta, feíta, pero tú siempre te creíste muy bella, con el tiempo actúas conforme a esa creencia, y te aseguro que tu autoestima estará tan alta que con tus actitudes atraerás las miradas. Es también por esta razón que hay quienes se sienten muy *esculturales* y, pues, digamos que son sólo graciositas, no bonitas. Pero ellas se sienten *hechas a mano* y tienen más *pegue* que lo que cualquier bonita desearía. No lo olvides, las creencias pueden ser muy arraigadas desde la infancia, y su poder es ilimitado.

Recuerdo que en la preparatoria tenía una compañera llamada Thelma. Su físico estaba lejos del que tiene una modelo, pero su forma de ser era más segura que la de cualquier concursante de belleza. Entre sus características más notables recuerdo que era delgada en extremo, con facciones muy poco agraciadas, pelo encrespado y seboso. Aunado a sus dientes desaliñados y amarillentos. Pero ella se sentía única. Su andar demostraba tanta seguridad en sí misma que insinuaba que se sentía hermosa. Yo no sabía de dónde le venía tanta seguridad. Cómo era posible que se sintiera una belleza si la realidad era totalmente distinta.

Hasta que un día descubrí la razón. Dos compañeros y yo fuimos invitados a su casa a terminar un trabajo. Al llegar constaté cómo su madre la hacía sentir única, pues la trataba de una manera excepcional. Desde la cocina exclamó: "¿Ya llegó la más bonita?" Yo miré a mi alrededor y poco faltó para decir: "¡No, señora, es Thelma!" Pero ella contestó antes que yo: "¡Sí mami, ya llegué!" Entonces pensé: "¡Ya la perdimos...!"

Al entrar a la cocina, vimos la mesa puesta impecablemente, los cubiertos limpios, brillantes; las servilletas de tela perfectamente dobladas, la comida deliciosa. "Preparé las lentejas que tanto le gustan a mi muñeca bonita", dijo la mamá. Le pregunté a Thelma, si su mamá siempre era así. Y me dijo que siempre. Que ella cuidaba mucho los detalles y que desde niña la hacía sentir súper bien. Al poco tiempo entró el papá a la casa y desde la entrada exclamó: "¡Huele a princesa!" Yo me olí a mí mismo preguntándome si no sería a principito lo que él olía, ¡pero no! Thelma nuevamente me ganó al contestar: "¡Soy yo, papi, acá estoy. Estamos en la cocina!" El papá y la mamá la hacían sentir precisamente eso: una princesa digna de ser amada, valorada y respetada. La hacían sentir única y bonita. Esa era precisamente la razón por la que ella actuaba de esa manera.

Esto que viví me dejó un gran aprendizaje que hasta la fecha atesoro: las palabras de los padres tienen una gran influencia en los hijos y los marcan para siempre.

Si, por el contrario, desde niña le hubieran dicho que era una buena para nada, que no valía, que era una desordenada; si lo hubiera escuchado en su casa con su familia, en la escuela y en otros lugares, al cabo del tiempo hubiera desarrollado un sentimiento de inseguridad que se arraigaría profundamente en su personalidad.

No podemos cambiar la historia personal, pero sí la podemos interpretar diferente. Si tuviste unos padres inexpresivos, indiferentes o agresivos, y creciste en un ambiente hostil, sin demostraciones de afecto y amor, puedes analizar la situación y agregar inteligencia a la emoción. Esta cualidad reside en uno mismo, no en ningún poder exterior. El intelecto, cuando está atento, puede desapegarse y observar los hábitos y su influencia.

Con práctica, el intelecto aprende a elegir entre lo que es correcto y lo incorrecto, e intenta poner sólo pensamientos correctos en la mente. Es muy importante darse cuenta que tenemos este filtro en nuestro interior, que nos permite discernir y tomar decisiones precisas y beneficiosas.

Sin embargo, a menudo, aunque el intelecto se dé cuenta de lo que es correcto e incorrecto, no tenemos el poder para poner lo correcto en práctica. Especialmente, cuando nos hacemos *adictos al sufrimiento*, o a ciertos hábitos o impresiones subconscientes. Por lo tanto, la tarea para sentirse mejor con uno mismo se convierte en todo un reto.

Otro ejemplo de nuestra incapacidad es la gran cantidad de personas que continúan sin vencer los vicios, como fumar. Saben el daño que se hacen, conocen las consecuencias nocivas en los pulmones y la alta incidencia de morir víctima de un infarto al corazón o un cáncer a corto o largo plazo. Pero, ¿qué contestan cuando se les cuestiona sobre esos daños?: "¡Pues de algo me he de morir!" Son costumbres, hábitos fuertemente arraigados en el subconsciente lo que les impide tomar decisiones certeras y oportunas para cambiar.

Agregar inteligencia a las emociones, añadir intelecto a lo que sentimos o deseamos, es la clave para evitar problemas de los que luego nos arrepentimos. Pensar antes de actuar. Analizar los beneficios y los riesgos, sin caer en el exceso de ser demasiado *precavidos*, exceso que nos ocasione parálisis y miedo para conducirnos.

Un amigo, analítico en extremo, tiene la virtud o *¿defecto?* de encontrar el lado crítico, negativo, riesgoso a cualquier situación. Si va a viajar, piensa en todo lo malo que puede ocurrir: reservaciones canceladas, robos, enfermedades. En relación a los padecimientos, tiene una maleta con una gran cantidad de medicamentos, "por si se ofrecen". ¡Tiene más medicamentos de los que yo como médico traigo para casos de emergencia! "Es por si me da dolor de cabeza... por si me da diarrea... por si alguien necesita un diurético (¿...?). Por si me da dolor en el hígado (¿...?)". Por poco y me dice que también trae medicamentos por si le da ¡dolor menstrual!

Cuando me enseñó la gran diversidad de medicinas que traía consigo, le pregunté si no exageraba, y me contestó: "¡No! Al contrario, me falta espacio para meter más. Todo se me ofrece porque me enfermo mucho y es mejor estar prevenido."

En verdad es difícil entender la gran atracción que se tiene hacia todo aquello que se piensa y se le agrega emoción. Porque yo puedo pensar en algo negativo como una posibilidad, mas no agrego el sentimiento. Eso sería prevención.

Puedo pensar en llevar algo *en caso de...*, pero no vivir por anticipado, no tener la sensación de lo que sentiría si sucedieran determinadas cosas.

Así como he aprendido que el amor es la fuerza más poderosa que existe, capaz de modificar el destino, hoy me atrevo a afirmar que el miedo es una de las fuerzas contrarias más implacables que también pueden alterar el destino en forma negativa.

Pensar continuamente en algo le da poder a "ese algo", lo llamamos, lo atraemos. Mientras más orientamos nuestra energía hacia un punto, más fuerza le otorgamos. Analicemos riesgos, tomemos las debidas precauciones. No obstante, es importante no otorgarles más poder con la repetición de pensamientos fatalistas, ni mucho menos con emociones. Agreguemos siempre una dosis de inteligencia a las emociones que tenemos.

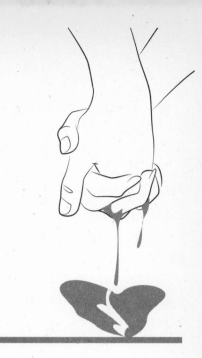

Cuando el amor se apaga

Me impresiona la cifra de divorcios en el mundo. Me asombra la mentalidad de muchos jóvenes que llegan al matrimonio sólo como si aceptaran un riesgo para comprobar si funciona, si podrán adaptarse a ese cambio de vida tan importante. En México, según datos del INEGI, una de cada tres parejas termina en el divorcio, muchas de ellas a escasos meses de matrimonio.

El problema está en que aceptan la gran responsabilidad de unir sus vidas casi sin conocerse, creyendo que las pequeñas dificultades o defectos que se detectan en el noviazgo desaparecerán como por arte de magia con el matrimonio.

Recuerdo que una señora de edad avanzada me dijo un día: "César, es bueno que sepas que los problemas en el noviazgo son como piedritas en el zapato, si llegas con ellas al matrimonio, se convertirán en verdaderos peñascos."

En la etapa del enamoramiento todo lo vemos color de rosa. Vemos en nuestra pareja cualidades que tal vez no tenga, pero como la idealizamos, todo en ella nos parece maravilloso y no toleramos crítica alguna que pueda dañar la imagen del ser querido. Al respecto, le dice una amiga a una novia enamorada:

—Oye ¡qué enojón es tu novio! ¡Qué mal te trata, siempre a gritos y con ofensas!

—¿Tú crees? –le contesta– ¡Pero en el fondo es muy bueno!

—Se me hace –le dice la otra– que a tu novio no le gusta trabajar; nunca vemos que haga algo.

—No creas eso –contestó la enamorada–, lo que pasa es que no ha encontrado el trabajo adecuado, un trabajo de acuerdo con su personalidad. En todos los lugares lo han tratado muy mal y por eso no dura, pero no es flojo. Solamente tiene cuatro años que no encuentra el trabajo ideal. Además, él nació para ser jefe, no para empleado.

¿Así o más bruta? Lo más grave es que ¡es una historia real!

El enamoramiento nos hace ver cualidades en tal o cual persona, y pasamos por alto sus *defectillos*, hasta nos caen en gracia. Todo en esa persona es aceptable, todo en ella es gracioso, pero la realidad es otra. El verdadero amor nos hace ver y aceptar a la persona reconociendo sus cualidades y sus defectos. Con el trato y el tiempo nos damos cuenta de si aun con sus defectos y mis defectos el amor y la disposición pueden perdurar para seguir juntos.

Cuando una relación se basa solamente en vivir y disfrutar el momento, sin pasar de lo emocional a lo cerebral, se corre el riesgo de enfrentar en poco tiempo desilusiones y frustraciones, porque podemos descubrir en el ser que idealizamos ciertas actitudes que se convierten en un verdadero martirio y por eso se fuga la felicidad.

Por esas y otras razones, es de suma importancia estar juntos durante un tiempo razonable, cuando menos para que afloren las virtudes y defectos antes de pronunciar el "Sí, acepto". Decidir la convivencia para siempre con alguien implica gran responsabilidad en la pareja, renunciar al ego de ambos, mutua tolerancia, para que después no sientan que están durmiendo con el enemigo.

Eso lo viven miles de mujeres y hombres en el mundo; todos tenemos libre albedrío para elegir con quién compartir nuestra vida, formar una familia o vivir en la soltería. El resultado depende de la buena elección que hagamos.

Desde el principio, hay puntos que la pareja debe aclarar durante el noviazgo, con el fin de fincar un sólido matrimonio:

* ¿Cuántos hijos tener?

* ¿Qué importancia tiene la religión en su vida y en la de sus hijos?

* ¿Cuál es el rol que llevaremos en cuanto a orden, limpieza y recursos económicos?

* ¿Cómo ven la relación con los padres de ambos y qué tanto participan en las decisiones de ellos?

* ¿Hasta dónde llevar la convivencia con mascotas?

* ¿Afrontarán por igual las actividades en el hogar?

* ¿Trabajarán fuera del hogar los dos o sólo uno?

* ¿Están llevando un noviazgo en armonía?

* ¿Si alguno de los dos tiene vicios (alcoholismo, tabaquismo, drogas, etcétera), está dispuesto a padecerlos solo o a buscar juntos la solución al problema?

* ¿Cómo se llevan con sus padres y hermanos?

* ¿Cuál es su actitud cuando conduce un vehículo? (son muy similares las actitudes que tendrá en otros aspectos de la vida)
* ¿Cómo resuelven sus diferencias con otras personas?
* ¿Sus tratos son siempre honestos?

Estas aclaraciones son básicas y no deben pasarse por alto. Además, hay otras consideraciones muy importantes para tomarse en cuenta: los sueños, los anhelos, los proyectos de vida, la fijación de metas, los celos, el tener un camino planeado donde caminarán juntos.

Lo anterior nos permitirá tener una idea de la vida en común, visualizar cómo se comportará él o ella en el matrimonio sin cegarse con la idea de que los vicios se curarán cuando estén juntos por el amor que se tienen; o un comportamiento agresivo o indiferente desaparecerá como por arte de magia el día de la boda.

También puede surgir la violencia en la pareja si no se tiene la capacidad para aclarar las diferencias, que normalmente comienzan como algo simple e intrascendente. En mi experiencia he podido apreciar los factores que convierten una buena relación de pareja en un verdadero infierno. Hablar a fondo de cada una de ellos daría para otro libro. Los menciono brevemente:

FACTORES QUE AFECTAN UNA RELACIÓN DE PAREJA

* *El miedo al compromiso*. Hoy en día es más común verlo entre los jóvenes. Las historias de vida de quienes se han separado derivan en miedo y deseos de no vivir experiencias similares; de allí que sea más común que hombres y mujeres busquen la comodidad de disfrutar sin compromisos. Es muy difícil establecer un acuerdo entre personas que se

centran en las diferencias y defectos, no en las cualidades y virtudes. También es complicado encarar un compromiso cuando la distancia los separa físicamente, o existe el temor a comprometerse cuando no se cuenta con los medios para sostener un hogar.

* *Actitudes de dominio*. Creer que porque se unieron en matrimonio, ya sea el hombre (en la mayoría de los casos) o la mujer, tienen el dominio y la posesión de la voluntad y acciones de su pareja, y si lo hacen argumentan: "Es porque *te quiero mucho*."

* *Codependencia*. Término muy usado en la actualidad que significa que las personas tienden a confundir la dependencia psicológica con el amor. Estas personas piensan que aman demasiado, pero son verdaderos parásitos que satisfacen únicamente sus necesidades, sin importar los sentimientos y carencias de la pareja.

* *Los celos*. Es la expresión más fuerte de la inseguridad; es un terrible complejo. Vigilar, espiar los movimientos y acciones de la pareja *por temor a perderlo*. Tratar de demostrar cariño con celos absurdos sólo demuestra el error en la elección, la inseguridad de quien los padece y falta de confianza, lo que conduce el matrimonio a la ruina. Los factores que ocasionan los celos pueden ser:

El más común: la falta de confianza en la pareja y en uno mismo. Se sienten inseguras o inseguros de tanto amor y eso los lleva a desconfiar de su pareja.

Las experiencias familiares. Si tuvo el ejemplo de un padre o madre así, puede imitarse el patrón de conducta. Recuerdo el caso de un hombre que celaba muchísimo a su mujer. La pobre, a sus 78 años, salía con sus hijas y tenía que reportarse continuamente con él. El hombre la espiaba con frecuencia ¡y a esa edad le hacía escenas de celos! Cuando la mujer murió, el hombre acongojado preguntaba una y otra vez ¡¿quién la iba a cambiar y a maquillar en la funeraria?! ¡La celaba hasta muerta! Obviamente, este tipo de celotipia cae en la clasificación de trastorno psicológico. Esta pareja tuvo cuatro hijos varones, de los cuales tres padecen la misma obsesión. El otro hijo no (*habrá que ver de quién es...*).

Experiencias vividas. Por supuesto que "la burra no era arisca, ¡la hicieron!" Es difícil soportar una infidelidad, y es razón de sobra para celar hasta ganarse nuevamente la confianza. "¿Eres celosa?", pregunto a una conocida que me responde: "¡No! Sólo lo normal... Checo a dónde va, con quién anda, a qué hora llega, reviso su celular, su ropa, ¡incluso su ropa interior!, pero no soy celosa" (¡nomás tantito...!).

* *La infidelidad*. Falta de honestidad en los sentimientos. Buscar con quién sobrellevar carencias que nos acosan porque "somos víctimas de las circunstancias".

Razones para ser infiel hay muchas y muy variadas. La víctima se llena de odio, resentimiento y de pensamientos como: "¿En que fallé?" "¿Qué tiene esa persona que no tenga yo?" "No puedo creer que me haga esto después de todo lo que le he dado..." Menos infidelidades habría si entendiéramos la sentencia: *No hagas a los demás lo que no quieras que te hagan a ti.*

Por todo lo anterior, creo que es fundamental un proceso de conocimiento entre él y ella. Jamás encontraremos a la pareja perfecta, no la hay. Pero con el trato, la expresión del verdadero amor, la mutua tolerancia, la autocrítica y el deseo de brindar felicidad a quien nos ha confiado su vida para compartirla, en las buenas y en las malas, podremos cimentar una relación sana y feliz.

El poder de la visualización

Visualizamos todo el tiempo pero no somos conscientes de ello. Imaginamos una y otra vez lo que deseamos o no deseamos, y damos poder a esa imagen. Continuamente podemos modificar nuestras emociones al agregar imágenes en nuestra mente. Hagamos un breve ejercicio.

Si no has comido en este momento y tienes hambre, con sólo imaginar uno de tus platillos favoritos puedes hacer que tu estómago secrete ácidos para prepararse a la llegada inminente de alimento. Ahora imagina que partes un limón, abres la boca y lo exprimes en su totalidad. La sensación de secretar saliva será inminente. Te aseguro que con la visualización ocasioné una sensación en ti.

Imaginar que estamos en un lugar muy especial hace que percibamos la sensación de estar ahí. Aromas, sonidos y sensaciones, los podemos percibir sólo con imaginarlos. Visualizar la alegría de estar con las personas que amamos siempre es reconfortante, y lo mejor es que podemos hacerlo cuando lo deseemos.

Mi amigo Ernesto tiene una costumbre muy peculiar: cuando estamos en un restaurante tipo bufet, primero se dirige a la mesa de los postres. Escoge el que más le gusta y lo lleva a la mesa. Después se sirve la ensalada, luego el plato fuerte y al final toma el postre que antes había colocado en la mesa y se lo come con un gusto enorme.

Los primeros días que veía eso no le preguntaba nada por no incomodarlo. Pero, como ya sabes que soy muy curioso, un día le pregunté: "¿Por qué tomas primero el postre?" Y me dijo: "César, si algo disfruto son los pasteles, los dulces, flanes y demás. Yo lo agarro primero porque me lo pueden ganar y me molesta que me digan que el postre que vi al inicio se acabó. Entonces lo separo, disfruto la comida y tengo el aliciente de que al final viene el momento que más espero." Ésta es una forma de utilizar la visualización para estimular un momento.

Por desgracia, esa misma visualización podemos utilizarla en nuestra contra, ya que es posible visualizar el peor escenario que podemos tener y percibir sus sensaciones desagradables y penurias. La mente es muy poderosa, es capaz de hacernos creer que lo que visualizamos es algo real. Entonces, ¿por qué no utilizar esa poderosa herramienta a nuestro favor? ¿Por qué no utilizarla de manera positiva?

La visualización creativa es la técnica que consiste en utilizar nuestra imaginación para crear lo que deseamos en la vida. Albert Einstein dijo: "Si lo puedes imaginar, lo puedes crear."

En forma inconsciente, todos visualizamos de manera continua, para bien o para mal, a cada momento. Es nuestra capacidad natural de imaginar lo que deseamos o lo que no queremos enfrentar y la usamos en forma automática, sin darnos cuenta de la influencia que tiene en nuestra vida. Todo logro fue primero una idea, algo imaginado que, posteriormente, se hizo realidad.

Desafortunadamente, son más las personas que utilizan esta capacidad en su daño que en su beneficio. Imaginan el peor panorama, las peores dificultades y los problemas a los que se pueden enfrentar al desear algo.

Quienes practican técnicas de visualización creativa o positiva tienen más posibilidad de lograr lo que se proponen, pues promueven el trabajo en un terreno fértil para que las cosas sucedan.

Desde que conocí la enorme fuerza que tiene la oración en mi vida, la he enriquecido con su gran poder. Oro para que lo bueno suceda, me esfuerzo, haciendo lo que está de mi parte para que así sea, imagino el mejor panorama para que el deseo se convierta en realidad.

En este momento puedes ponerlo en práctica: busca un lugar cómodo, de preferencia en el que estés sentado; inspirando y espirando profundamente para relajarte. Imagina que estás en el centro de un cuarto con una pantalla frente a ti, en ella pones poco a poco todos los escenarios de lo que deseas que ocurra.

Tómate el tiempo necesario, practica una y otra vez con todo lo que tienes pendiente por realizar.

* Visualiza tu vida con prosperidad.

* Visualízate fuerte, sano y feliz.

* Visualiza tu vida llena de amor, con relaciones interpersonales satisfactorias. Imagina que todo fluye positivamente para ti y los tuyos.

La imaginación es la capacidad de crear una idea, un dibujo mental o una sensación. La visualización creativa consiste en hacer una representación clara de algo que deseamos que se manifieste. Es bueno visualizar enfocando bien la idea, los sonidos, las emociones, dándole vida a la visualización con amor y energía positiva.

Me considero una persona saludable, que rara vez se enferma. Sin embargo, un amigo médico me hizo aprender en forma rápida los beneficios curativos de la visualización creativa. En cierta ocasión amanecí con una migraña intensa, tomé los analgésicos debidos, pero el dolor persistía. Se me notaba el malestar. Encontré a mi amigo quien en forma inmediata detectó que algo no estaba bien en mí. Le expliqué lo que me ocurría y, en ese momento, sugirió el ejercicio de visualización creativa. Me pidió que imaginara lo que quería que ocurriera con ese dolor. Obviamente lo que más deseaba era que desapareciera. Me recomendó sentarme en algún lugar cómodo, respirar profundamente, inspirar y luego espirar lentamente. Me invitó a que imaginara que estaba en el centro de un cuarto con una pantalla frente a mí donde me viera sano, sin dolor, expresando mi alegría al sentirme pleno y saludable. Luego me hizo imaginar que el dolor salía de mi cuerpo como si fuera una masa gelatinosa. Durante varios minutos en ese estado de relajación sentí, aunque tal vez no lo creas, una notable mejoría.

Mi escepticismo innato me hizo creer que si se me quitó el dolor, fue por disminuir el estrés con la relajación. Digamos que es parte de la duda con la que los médicos tomamos muchos de los remedios naturales, incluyendo la medicina alternativa, lo cual es un error tremendo, ya que la medicina natural y la alternativa se usan con éxito desde hace cientos de años. Si funcionan con dolores físicos, por supuesto no dudo de su utilidad en los proyectos de vida.

Desde entonces utilizo la visualización creativa cada vez que deseo algo con fervor; mejor dicho, la hago consciente ahora, porque antes la utilizaba en mi contra. Imaginaba siempre los peores escenarios antes de que lo bueno ocurriera, recreaba los obstáculos más grandes que, aunque no siempre se presentaron, sí me dificultaron la posibilidad de disfrutar el intento. Me amargué muchos presentes pensando de forma negativa en el futuro.

Qué manera de dañarnos la existencia imaginando lo peor, ¿por qué no visualizar a partir de hoy siempre lo bueno y lo mejor? No olvides que preocuparse y pensar en negativo es el principio de un fracaso.

Los grandes descubrimientos siempre tienen de inicio la pasión de alguien que creyó e imaginó positivamente; un ser visionario que siempre mantuvo la fe de que lograría sus propósitos, consciente de las adversidades que siempre se presentan. Es bueno advertirlo, no siempre estarán las circunstancias a nuestro favor, siempre habrá obstáculos que vencer y personas deseosas de impedir logros, qué triste pero es la verdad.

Recuerdo que en una etapa de mi vida trabajé en una empresa donde el ambiente era hostil. El director general, muy joven pero inexperto, en lugar de actuar como un líder proactivo, deseoso de motivar al personal, con frecuencia se enfocaba en las fallas y los errores de todos. Nunca había palabras de reconocimiento ni muestras de afecto a quienes sí daban buenos resultados. Le gustaba el chisme y lo practicaba magistralmente.

Aunado a esto, los gerentes de departamento vivían en continua disputa por el poder, se obstaculizaban unos a otros buscando sólo el bien individual, y olvidando la importancia del trabajo en equipo.

Aunque mi trabajo era sólo por unas horas en esa empresa de comunicación, llegar ahí en ocasiones se convertía en un suplicio, pues los chismes y malentendidos se regaban por doquier, y la envidia florecía en los pasillos.

Así que yo tenía dos caminos: continuar en ese lugar y adaptarme a las circunstancias que no dependían de mí y que me ocasionaban malestar, o buscar otro empleo. Lo más práctico, pero no lo más cómodo en esa época, sería buscar un mejor trabajo. Decidí hacerlo. Pero antes quise aplicar el poder de la visualización creativa para mejorar mi situación actual.

Imaginaba cada mañana que ponía mi mejor esfuerzo en el trabajo. Imaginaba a mis compañeros serviciales, amables y dispuestos a facilitarme lo necesario para desempeñar mis actividades. Visualicé una y otra vez al director general en un plan muy diferente. Me visualizaba trabajando con gusto y logrando todo lo que me proponía. Quiero decirte que estuve un año más y la visualización mejoró notablemente el ambiente laboral. Concluyo esta reflexión con dos cosas.

Imaginar siempre el peor panorama nos predispone para que suceda todo lo malo que imaginamos. Creer que todo y todos están en tu contra (aunque así sea) en nada beneficia para conseguir tus objetivos. Si te imaginas que tus hermanos y cuñados murmuran a cada rato sobre tus acciones, te aseguro que tu actitud hacia ellos cambiará de forma radical. O si por el contrario, te imaginas que todos te quieren, te aceptan tal y como eres, y reconocen tus ganas de mantener un ambiente favorable, te aseguro que cambiará visiblemente tu actitud hacia ellos. Con seguridad la gente seguirá igual, pero tu actitud hace milagros, atraerá beneficios y prosperidad para tu persona.

Visualizar positivamente atrae amor y prosperidad. Estoy absolutamente convencido de ello. Todo lo mejor que me ha sucedido ha sido porque he creído que puede pasar. Porque he afirmado una y otra vez que si eso que deseo es para mi bien, decreto que así sea. Insisto, no puedo cambiar la manera de ser de la gente que me rodea, pero sí puedo modificar mi actitud, puedo aumentar mi paciencia hacia quienes tienen historias de vida difíciles y actúan de manera distinta.

No dudes del poder tan grande que tiene visualizar y desear lo mejor para ti. Te pido que hagas consciente las veces que estás imaginando un panorama sombrío sobre lo que aún no ha ocurrido.

Imagina cada mañana tu día y visualízate paciente, prudente y feliz.

Visualiza a tu lado a las personas que te alegrarán los momentos y te facilitarán la vida, ya verás que los atraerás irremediablemente hacia ti.

Visualiza que te encontrarás con personas a quienes no puedes cambiar, pero imagina la fortaleza necesaria para sobrellevarlas y las estrategias para superar las adversidades que se te presenten.

En resumidas cuentas, imagina las cosas tal y como te gustarían que fueran, como si ya estuvieran ocurriendo. Imagina la emoción que todo esto conlleva. Repítelo cuantas veces sea necesario y cambia tus patrones negativos de pensamiento. Haz la prueba hoy mismo.

Por el placer de hacer lo que te gusta para aumentar tu autoestima

A veces, el paso del tiempo es sutil e imperceptible. Sin sentirlo, transcurren los días y, sin darnos cuenta, lentamente ocupamos el lugar de nuestros padres y abuelos. Recuerdo la siguiente historia:

Estaban dos amigos charlando en la plaza principal del pueblo. Uno de ellos dice: "¿Te has dado cuenta de que ya no vienen los viejitos a la plaza como antes?" "Sí, que extraño", contesta el otro y añade: "¿A qué se deberá?" Lo que los amigos no sabían es que ahora ¡ellos eran precisamente los nuevos viejitos de la plaza!

Es cierto. No nos damos cuenta del paso implacable del tiempo. Vemos a compañeros de la escuela y los vemos muy amolados. Pero rara vez nosotros aceptamos que probablemente nos vemos igual o peor porque no lo detectamos. No lo percibimos.

Esta forma imperceptible se aplica con perfección a los hábitos y las costumbres que teníamos; a las actividades que nos hacían sentir muy bien y que si quisiéramos, podríamos seguir haciendo. No me refiero a todas esas acciones que por el mismo paso del tiempo no puedes o no es recomendable hacer. No me imagino ver mañana a alguno de mis lectores de 70 u 80 años ¡trepados en las resbaladillas del parque o patinando en las calles como lo hacían de chamacos!

¿Te apasionaba leer, cocinar con gusto, dedicar tiempo a la contemplación o al silencio?

¿Te apasionaba escribir lo que sentías o platicar con quienes te alegraban el momento?

¿Por qué has dejado de hacerlo?

Razones hay muchas y siempre encontraremos la justificación adecuada para redimirnos de las culpas. La más común es: no tengo tiempo. Fácilmente caemos en la tentación de expresar una vez más que los tiempos pasados siempre fueron y serán los mejores; que la ciudad ha cambiado, que la gente ha cambiado; pero la razón más grande es que yo he cambiado.

Adaptarse a los cambios es una característica que forja a la gente madura. Por supuesto que todo cambia y es parte de un proceso natural, pero cambiar sin buscar nuevas formas para que la vida tenga sentido con muchos momentos agradables es una lamentable omisión. Trabajamos tanto, servimos a tantos, ayudamos a tantos, ¡pero olvidamos ayudarnos a nosotros mismos! Nos olvidamos de que ese egoísmo sano es fundamental para seguir haciendo más por los otros. No encuentro mejor término para expresar que es increíblemente saludable quererme para querer. Darme para dar. La muy mencionada frase, "nadie da lo que no tiene", encierra mucho sentido. *¿Cómo poder dar cariño y afecto si no lo tengo? ¿Cómo dar bienestar y amor si a mí me falta?*

Valorarme y reconocerme es muy recomendable para crear buenas acciones, para impulsar actos que me hagan bien, me motiven y estimulen sin dañar a los demás, sin olvidar a quienes me rodean.

No debo olvidar nunca el placer que siento de caminar a la sombra de los árboles durante un día soleado. Me resisto a dejar de disfrutar una buena bebida, un delicioso vino tinto, escuchando la música que más me agrada y acompañado por la gente que amo. Jamás dejaré de disfrutar esas actividades que le dan sentido a mi vida, soy consciente de que no debo enfocarme única y exclusivamente en trabajar.

De tanto esforzarnos en lo que *debemos hacer*, olvidamos lo que *queremos hacer*.

Te pido en este momento que hagas una lista de las cosas que le daban sentido a tu existencia y que ahorita podrías retomar. Date tiempo para disfrutar el placer de vivir.

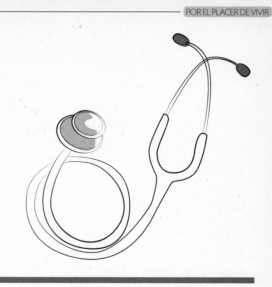

Tus decisiones marcan tu vida

Hace ya varias primaveras me encontraba frente a una de las ventanillas del departamento de admisión de la Universidad. La mujer que me atendía me hizo esta pregunta al momento que entregaba la papelería para mi trámite de estudios profesionales:

—¿Estás seguro de que escogiste bien la carrera que deseas estudiar?

—¡Claro!, ya lo pensé bien –contesté sin titubear.

—De verdad, ¿estás bien seguro que quieres ser médico?

—¡Por supuesto que sí! –respondí seguro mirándola a los ojos. Cuando ella ponía los sellos, volteó una vez más a verme y expresó:

—Es que hay muchos jóvenes como tú que luego cambian de decisión y *pierden* muchos años de su vida.

—¿Y por qué dice que pierden años? –le cuestioné. ¿Se mueren o qué?

—Pierden porque los años no perdonan y las decisiones mal tomadas causan mucho arrepentimiento –me dijo con tono sarcástico. Me quedé *choqueado* y la emoción que traía por inscribirme se convirtió en *miedo*. Cuando al final me entregó mi papelería, con actitud autómata, insípida, me dio la estocada final:

—¡Además, en lo que tampoco debes equivocarte es en la decisión de con quién te casas!

¡Sopas!

Con el paso del tiempo aprendí que verdaderamente ésas son decisiones cruciales; sobre todo la última, pues de ella depende gran parte de la felicidad en el futuro. Sin embargo, estoy en contra de lo que inicialmente esta mujer sugirió: *tiempo perdido*. Cuando se trata de estudiar, vivir y crecer no hay tiempo perdido. Es efímero y difícil de medir la inversión del tiempo versus los aprendizajes de vida.

Hace unos años dejé de ejercer la carrera de médico. Una decisión muy difícil por el amor tan grande que le tengo a la medicina, pero necesaria por el trabajo que realizo como conferencista, ya que debo viajar de un lado a otro. Claro que recuerdo ese instante crucial cuando, sin pedir consejo, la dama de admisiones me dio su sugerencia-amenaza. Te aseguro que fue y seguirá siendo una de las mejores decisiones de mi vida: estudiar medicina y dejar de ejercer mi profesión. Si no hubiera sido médico me hubiera privado de conocer lo que son los desvelos, el estrés, los hábitos de estudios, los profesores difíciles o insoportables, los compañeros serviciales o ariscos, los pacientes inolvidables, las historias de vida increíbles y, sobre todo, no conocería la gran diferencia entre lo que es la vida con esperanza y la vida sin alicientes. Mi aprendizaje, sin lugar a dudas, fue conocer la gran relación

que hay entre el estilo de vida y la presencia de enfermedades. Aprendí que la mayoría de las enfermedades vienen del
alma, del rencor, del estrés, de la falta de perdón y de la falta
de *autoperdón*.

Si no fuera médico, no tendría la experiencia de vida necesaria para expresarme como lo hago en mis conferencias,
en la radio y la televisión. Por último, y para ser más explí-
cito, si no hubiera sido médico, no hubiera conocido a la que
ahora es mi esposa, ¡no hubiera tenido los hijos maravillosos que tengo! Con esas razones ¿o más?

No me justifico, pero aunque no hayas tomado el camino
acertado, siempre encontrarás motivos para agradecer, incluso, esas decisiones. Las cifras son impresionantes: en mi
país ejercen su profesión menos del cincuenta por ciento de
los profesionistas. Al paso del tiempo, por necesidad o por
convicción, se dedican a otra cosa que poco tiene que ver
con lo que originalmente estudió.

En la vida siempre decidimos ir o no ir. Comprar o no
comprar. Hablar o callar. Tomamos buenas y malas decisiones. Es precisamente por esa libertad que tenemos para decidir nuestras acciones que se reafirma o modifica en gran
medida el rumbo que tomamos.

Escuché en una película la siguiente frase: "No son tus
habilidades las que definen lo que eres, son tus decisiones."
Por supuesto que es una gran verdad. Porque podremos tener muchas habilidades y conocimientos, pero de nada nos
servirán si tomamos malas decisiones.

Comparto este tema ahora por la gran importancia, e influencia, que tienen nuestras decisiones para que podamos
lograr nuestra felicidad. Por ejemplo: conectar la mente con
nuestra lengua es una gran decisión, pues a veces decimos

algo de lo que posteriormente nos arrepentimos. Debemos meditar antes de actuar. Pensar a fondo los pros y los contras de lo que vamos a hacer o decir. Son miles las decisiones que tomamos durante nuestra vida, pero sin duda la que más repercute en obtener la felicidad que deseamos es la decisión de analizar *qué tipo de pensamientos albergamos en nuestra mente*. Hay quienes deciden vivir en la tristeza pensando en lo que no han logrado, en lugar de reflexionar sobre la gran cantidad de bendiciones que constantemente reciben, ya sea por el fruto de su esfuerzo o por el amor que les profesan quienes los rodean.

Hay quienes se empecinan en descubrir las causas por las cuales se sienten infelices, en lugar de pensar en las múltiples razones que tienen en este momento para vivir a plenitud. También hay quienes deciden pensar siempre que el futuro, de por sí incierto para todos, será muy difícil, y por sus pensamientos negativos se paralizan con esa obsesión en lugar de poner todo su esfuerzo y amor en el presente, para tratar de consolidar un mejor futuro.

Todos tenemos sueños que deseamos se hagan realidad, anhelos de tener algo más, proyectos que quisiéramos ver resueltos. La intuición, el sentido común y las decisiones que tomemos en su momento, influirán en forma importante para que nuestros deseos puedan cumplirse.

Recuerdo una maravillosa reflexión que alguna vez leí, la cual me impactó profundamente:

"Me gusta la gente que vibra, que no hay que empujarla, que no hay que decirle que haga las cosas, sino que sabe lo que hay que hacer y que lo hace. [...] La gente que cultiva sus sueños hasta que esos sueños se apoderan de su propia realidad. [...] Me gusta la gente con capacidad para asumir las consecuencias de sus acciones, la gente que arriesga lo cierto por lo incierto para ir detrás de un sueño; quien se permite huir de consejos sensatos dejando las soluciones en manos de nuestro Padre Dios."

La mejor forma de evitar los sentimientos de amargura por lo que nos sucede es aceptar las consecuencias de nuestros actos, ya que de ochenta a noventa por ciento de las cosas que nos pasan son resultado de una decisión, en la que mucho incide también el estado de salud que tengamos en ese momento. ¡Decidimos tantas cosas, que si no son bien razonadas, impactarán en forma negativa en nuestras vidas!

Hace unos días escuché a una mujer lamentarse de lo mal que le ha ido en el amor. Sufre a consecuencia de los malos tratos que su pareja le da. Tiene que soportar su desprecio y la amargura de su indiferencia. Ella me dijo consolándose: "¡Ha cambiado tanto… pero bueno, ¡esa es mi cruz y tengo que cargarla!"

¿Qué, qué? ¿Cómo que es *su cruz y tiene que cargarla*? ¡Esta mujer decide seguir con esa situación en lugar de buscar la forma de mejorarla o terminar sanamente esa relación! Ella aceptó los malos tratos y se acostumbró a ellos. "Recuerda –le dije–, que todo lo que te sucede en cuestiones de amor, tú lo provocas o lo permites".

Ella ha decidido seguir con su cruz, hacer de su vida un calvario y estoy seguro que, a la larga, esa decisión cobrará una factura muy cara. Te invito a que hoy mismo hagas tres decisiones que considero cruciales:

1. *Decide ser feliz*. Una gran posibilidad de lograrlo depende de que de verdad quieras serlo. Para eso siembra amor y armonía donde quiera que estés.

2. *Decide dejar en manos del Creador las situaciones que te agobian y que no puedas solucionar en este momento.* Mientras él actúa, sigue con la decisión número uno.
3. *Decide leer y prepararte más.* El conocimiento te da seguridad en todo lo que emprendas. Por lo pronto, te sugiero seguir leyendo este libro, ¡y muchos más!

Quienes tenemos "cierta edad" (así se refería mi madre a quienes "ya no nos cocemos al primer hervor"), nos sorprendemos frecuentemente cuando encontramos a personas que compartieron con nosotros épocas memorables. Conforme pasa el tiempo son más notorios los cambios físicos.

Recientemente fui invitado a una reunión de ex alumnos del colegio en el que estudié mi primaria y secundaria. ¡Años de no ver a muchos de mis compañeros y volver a encontrarlos! Obviamente, me preguntaba qué había sido de la vida de todos ellos. ¿Qué hacían en la actualidad? ¿Logró hacer algo de beneficio el que siempre tenía reportes por mala conducta en la dirección? El más *burro* ¿se habrá graduado de algo? Al más *cuerda* (así le decimos en mi tierra a los más envidiados, a los que con sólo una leída se aprendían todo, mientras uno acá sufriendo) ¿será a quien mejor le habrá ido? ¿Estará ahí quien era el terror de la escuela, el más agresivo, altanero y aprovechado con los flacos desteñidos como yo? ¿O ya estará recluido en un centro de readaptación?

Enorme fue mi sorpresa al llegar y constatar que no estoy equivocado cuando digo que somos consecuencia de nuestras decisiones, acciones y pensamientos.

Nos colocaron a todos un gafete con nombre y fotografía, "¿para qué?", me preguntaba. ¡Pues para que pudieras identificarlos! ¡Vieras qué impresión! ¡Unos pelones, otros panzones! "¿Qué clase nos impartía aquel maestro de allá?", pregunté a uno de los presentes. "¡Ése no es profesor! ¡Es Francisco! ¡Estuvo también con nosotros!", me dijeron. "Pero, ¿cómo? ¡Parece un venerable anciano!"

Obviamente, el único que no había cambiado nada ¡era yo! Bueno, también a eso se le llama autoestima. Si nadie me lo dice, ¡me lo digo yo mismo! Bueno, eso creo, porque no sé si te ha pasado que, conforme pasa el tiempo, tú crees que te ves igual, pero la realidad es muy diferente. Envejecemos poco a poco, casi de una forma imperceptible, y hasta que vemos fotografías de antaño, constatamos que el tiempo ha ocasionado serios estragos.

Me da risa cuando escucho a mujeres platicar y expresar con asombro: "¡Me encontré a fulanita! ¡Qué fregada y amolada está! ¡Claro, con un marido así, tan necio y malhumorado...! ¿Quién no?"

En dicha reunión de ex alumnos, me encontré con la contraparte. Con ex compañeros que se veían muy bien conservados. A quienes los años no habían causado tantos estragos y eran quienes se veían más alegres, más adaptados y en las pláticas expresaban lo agradecidos y felices que se sentían.

Uno en especial me expresó el cambio tan radical que hizo en su vida después de sufrir un terrible accidente que por poco le cuesta la vida. Manejaba con exceso de velocidad debido a la gran cantidad de alcohol que había consumido, chocó contra un camión y perdieron la vida sus dos acompañantes, él estuvo prácticamente muerto unos instantes. Vio desde las alturas su cuerpo tendido; presenció lo que se conoce como el encuentro con el túnel donde al final hay una luz, túnel con el que yo no deseo encontrarme, al menos no tan pronto.

Su madre, fallecida años antes, le tendió la mano cuando estaba en el hospital y en ese momento pidió no irse. Solicitó una oportunidad más. Después de días en cuidados intensivos y meses en rehabilitación, *decidió* cambiar su estilo de vida. Ser más paciente, agradecido y feliz. Dedicar más tiempo a quienes quiere y lo quieren y, sobre todo, dedicar más tiempo a él mismo.

Lo que no te mata, te fortalece. Esa fue su frase de superación. Ese fue su estímulo inicial para cambiar radicalmente su vida. Cambió sus hábitos, dejó de consumir alcohol y de frecuentar las parrandas. Se alejó de amistades que eran una carga y una mala influencia en su vida, pero que por desgracia a veces tardamos en detectar por estar sumidos en una inercia destructiva. Ejercitó su cuerpo y modificó radicalmente su alimentación. ¡Disminuyó su enorme barriga!, fruto de muchas cervezas y botanas que alegraron sus momentos en forma temporal. Ahora practica yoga y meditación y, lo más sorprendente, *decide* ser feliz cada día.

Es por demás decirte que Dios, la suerte o el destino, como tú quieras decirle, permite que nos encontremos con personas que pueden marcar significativamente nuestras vidas. Cuando vemos por televisión testimonios de quienes han logrado salir de las profundidades de la tristeza, el vicio, el abandono o la infelicidad, nos inunda una sensación de experimentar ese alivio profundo.

Cuando leemos testimonios de personas que han obtenido la felicidad mediante el conocimiento de su persona, de la aceptación de sus errores y virtudes, de cambiar su forma de pensar y decir "basta de preocupaciones", creemos que la transformación que leemos es casi imposible. Mientras nosotros usamos frases que nos justifican del porqué no realizamos cambios en nuestras vidas: "Él pudo porque tuvo una infancia diferente a la mía..." "Si yo tuviera el dinero para invertir en mí, otro gallo cantaría..." "Pues con el apoyo de una esposa como la que tiene, ¿quién no? ¡Yo me casé con una fiera!.." "Qué más quisiera yo cambiar mis malos hábitos, pero lo he intentado y no he podido porque me falta fuerza de voluntad..." "Pues así es la vida. Unos pueden más, otros podemos menos. Además, ¡de algo me he de morir!.."

¿No se te hace que ya es tiempo de evitar tantas justificaciones? ¿Que ya es tiempo de vivir, pero con intensidad? ¡De incluir el placer de vivir en cada día que trascurre! Qué triste haber estado y *no haber vivido*. Dejar pasar años y años de nuestra vida sin disfrutar los momentos por el afán de vivir otra etapa o por querer borrar un pasado o una relación que fue dañina. Vivir añorando lo que ya se perdió, en lugar de valorar lo que sí tenemos. Deseamos compartir tiempo con quien ya no está y pasamos por alto decirle a quienes sí están todo lo que sentimos por ellos y significan para nosotros.

Es tiempo de tomar la decisión de vivir con placer, en toda la extensión de la palabra. Cuando escuchamos *placer* es común que le adjudiquemos una connotación sensual. Sin embargo, el placer puede ser definido como una sensación o sentimiento positivo, agradable o eufórico, que se manifiesta cuando se satisface plenamente alguna necesidad del organismo humano. Pueden ser todo tipo de necesidades: la bebida, en el caso de la sed; la comida, en el caso del hambre; el descanso, cuando existe sueño o cansancio; diversión para el aburrimiento, y conocimientos o cultura para la ignorancia; la curiosidad y la necesidad de crear y desarrollar el espíritu. La naturaleza suele asociar la sensación de placer con algún beneficio para la especie, y la filosofía lo clasifica entre los tipos posibles de felicidad.

Los científicos han estimulado los centros de placer ubicados en lóbulo central del cerebro, tanto en animales como en humanos. Imagínate ¡qué alegría despertar nuestra euforia por medio de un estímulo! Pero los resultados no fueron alentadores, pues al hacerlo de esta manera se descuidaban las demás áreas de sus vidas, incluso comer y socializar. Si es por un estímulo "artificial", no puede considerarse como felicidad o placer meramente dicho.

Lo mismo sucede cuando los medios de comunicación nos venden continuamente la idea de que al comprar determinada casa, o al hacernos cierto tratamiento seremos inmensamente felices. Afirman que el verdadero placer es realizar el viaje de tus sueños y hasta, por qué no, nos han vendido la idea de que al casarnos, ¡viviremos felices para siempre! De eso se han encargado algunos poetas y Walt Disney con su Cenicienta. Ya quisiera ver a Cenicienta a los veinte años de casada, con broncas de dinero y su príncipe panzón. O a Blanca Nieves, manteniendo y atendiendo a los enanos por el resto de su vida.

Por supuesto que el placer de vivir va mucho más allá de una mera satisfacción temporal. Mucho más allá de vivir las diferentes etapas que el amor tiene: atracción, enamoramiento, convivencia continua y conocimiento mutuo. Es necesario *decidir* ser felices y recordar que eso depende únicamente de nosotros.

Un antiguo proverbio chino dice que para beber un buen vino en una copa que se encuentra llena de té, primero hay que tirar el té y después servir y beber el buen vino.

Así es la felicidad, así es el placer de vivir, hay que tirar todo lo que nos afecta, todo lo que nos daña, toda esa serie de condicionamientos que vamos acarreando con el paso del tiempo, y que lo único que han hecho es ocultar ese tesoro tan valioso que es la felicidad.

Nos quejamos con amargura de todo lo que padecemos y sufrimos; y en ese afán olvidamos todas las bendiciones que tenemos a nuestro alrededor. Vamos guardando cuanto agravio nos dirigen, aceptando esos *obsequios* de la vida que lo único que hacen es desmotivarnos. Creemos que el sentir de una persona es el sentir de todos, y olvidamos que es imposible agradarle a todas las personas que se atraviesan en nuestro camino. Cumplir con todos y ser la persona que los demás desean implica un desgaste tremendo; y al no lograrlo, caemos en una tristeza que al paso del tiempo nos impide la felicidad. ¿No crees que existan mejores formas de ver la vida y de pasar el tiempo? ¿No crees que ya sea hora de *decidir ser feliz*? Si sigues creyendo que la felicidad llegará al solucionarse tus problemas, vas a sufrir por la eternidad, porque es obvio que los problemas siempre existirán, y si se soluciona uno, vendrá otro, y después otro y así sucesivamente.

Para beber la vida en una copa que nos da inmensa alegría, primero tenemos que tirar recuerdos amargos, rencores, tristezas, arrepentimientos, agravios, dudas, temores, incertidumbres, coraje y desamor. Debemos tirarlos, eliminarlos, deshacernos de todo alimento que daña el espíritu y el cuerpo, y alimentarnos sólo con todo lo que produce *el verdadero placer de vivir*.

El arte de vivir el momento: el aquí y el ahora

Venía en el auto con mi hijita que en ese entonces tenía 5 años. Al tomar una de las avenidas principales me dijo: "¡Mira, papá, qué bonita se ve la tarde con esas nubes rojas!" Vi el cielo y le hice un comentario sobre la belleza que se presentaba ante nosotros. Al ratito, me dijo:

—Papi, quiero llorar.

—¿Por qué, preciosa?

—Por eso tan bonito –dijo señalando nuevamente el atardecer.

De verdad me conmoví. Me enterneció esa mezcla de inocencia y sabiduría. Le pedí a Dios: "No permitas que se pierda en mí la capacidad de asombro, la capacidad de admiración." Ese momento es uno de los que más atesoro en mi vida: las lágrimas de emoción de mi princesa al ver, asombrada, ese paisaje que yo, estoy seguro, muchas veces pude contemplar y no lo hice.

La vida está llena de momentos memorables, pero no siempre los vemos, o no siempre estamos dispuestos a verlos. Tenemos prisa por cumplir, por llegar, por estar, por ganar. ¡Pero no agregamos esa misma prisa por disfrutar!

Según lo que he observado, más de tres cuartas partes de la población no es consciente del momento que vive. Nuestra mente está un paso adelante, lo que sigue, lo que tengo que hacer y lo que falta para disfrutar. Posponemos la alegría de los momentos planeando y expresando que falta determinada cantidad de días para el viaje, la fiesta, la reunión, el viernes, el cumpleaños, la graduación, el nacimiento de..., y tantos y tantos acontecimientos importantes que pronto llegarán.

Tenemos tanto por hacer y por lograr que no le *damos importancia al aquí y al ahora.* Es tanto lo que hemos vivido o hemos logrado que aún añoramos el pasado creyendo que siempre fue mejor, y ahí estamos, imaginando lo maravilloso de aquellos tiempos con el deseo de repetirlos en el futuro. Así nos comportamos si vivimos del pasado. Y si la vida es como una película, nuestra serie sería un documento histórico.

¿En qué momento aprendimos a vivir por adelantado o atrasados?

¿En qué momento dejamos darle la importancia al presente?

Cuando éramos niños ocurría precisamente lo contrario. Horas y horas jugando con lo que fuera, con lo que estuviera a la mano. Nos desprendíamos de lo que nos rodeaba e imaginábamos historias con cualquier objeto a nuestro alcance. Para que lo recuerdes, te pido que observes a los niños y te darás cuenta de lo que en realidad es estar en el aquí y en el ahora. Los niños se enfocan en lo que ven o hacen y olvidan su entorno.

Me decía mi mamá que cuando era niño y veía la televisión, no escuchaba nada de lo que ocurría a mi alrededor, bueno, todavía suele pasarme, para qué digo que no. "¡César!, ¿qué no oyes? ¡Te he preguntado tres veces si quieres cenar y no me contestas!", decía mi madre molesta. Hubiera querido contestar que estaba enfocado en el presente, pero como no conocía del tema, o peor, si le hubiera dicho "estoy *enfocado*", me hubiera dicho que estaba loco.

Por supuesto que también aprendemos a estar *desenfocados*, a vivir aprisa y preocupados. Sin querer, nuestros padres nos enseñan las primeras lecciones con ejemplos como el que acabo de decir. Después repetimos esas conductas con nuestros propios hijos y los hacemos expertos en vivir por adelantado, preocupados por una u otra razón.

Cuánta razón tienen las personas que dicen que cuando somos niños queremos ser grandes, y cuando somos grandes queremos de nuevo ser niños.

Pero, ¿cómo disfrutar cada etapa del aquí y del ahora?

¿Cómo disfrutar de ese regalo maravilloso llamado presente?

Spencer Johnson escribió un libro llamado *El presente*, en él explica que el presente es un regalo. Por eso cuando obsequiamos algo decimos: *te traje un presente*.

Pensar en el presente se compone de tres partes bien equilibradas, como en un trípode: vivir el presente, aprender del pasado y planear el futuro. Si quitas un pie, el trípode se cae. Si no aprendemos del pasado, no sabremos planear el futuro, y menos, resolver los problemas que se nos presenten el día de hoy.

¿Cómo vivir en el presente para disfrutar el placer de vivir?

Los pensamientos y el estilo de vida son los que nos impiden hacer consciente cada momento. La mejor forma de hacerlo es *re-educándonos*. Enfocarme en lo que hago en este momento y valorar cada instante, cada etapa que vivo, tomar clara consciencia de la vida.

Si vamos a pensar en el pasado, que sea para aprender de lo bueno y de lo adverso para beneficiar mi presente. Si vamos a pensar en el futuro, dedica los momentos que creas conveniente para pensar en el mañana, pero que no absorba la mayor cantidad de tiempo y te impida disfrutar el ahora.

Ése es precisamente uno de los errores más grandes que cometemos quienes acostumbramos a planear el futuro "para nuestro bien". Por supuesto que no es malo pensar qué acciones debo tomar para que lo venidero sea mejor. Es parte de nuestra inteligencia visualizar, planear y desear un futuro mejor; sin embargo, ten siempre en mente la gran diferencia que existe entre *visualizar y preocuparte. Visualizo* cuando veo el mañana sin miedos ni angustias, buscando siempre el mejor camino a seguir. *Me preocupo* cuando agrego miedo, angustia, estrés y negatividad al futuro.

El gran reto de vivir el presente es *estar conscientes de lo que hacemos.* Es concentrar nuestros sentidos en la actividad que disfrutamos sin perder el control de tu mente para que no busque distractores o pensamientos contaminantes que no vengan al caso en el momento, y te impidan disfrutar profundamente el instante.

"Lo que hagas, ¡hazlo bien!" Quizá alguien ya te dijo esta frase. O tal vez en un tono más agresivo: "¡Si no lo vas a hacer bien, mejor no lo hagas!" Así que, ¿vas a comer? Hazlo con gusto y saborea la comida.

¿Vas a bailar? Baila como si nadie te viera.

¿Vas a chismear? ¡Chismea sabroso! Pero lo que hagas, hazlo bien y consciente del momento, porque esa es precisamente la clave de quienes viven con intensidad cada día. ¡Ah!, pero sobre todo, termina lo que inicies, porque la primera causa de frustración de una persona es empezar algo y no terminarlo. El espantoso hábito de la postergación causa estragos tremendos. Inicias con muchas ganas ordenando algo, pintando una habitación o arreglando el jardín; llevas un avance de cincuenta o setenta por ciento y dices: "Mañana le sigo". Pero ese mañana nunca llega. Y cuando ves eso que iniciaste y no terminaste, tu subconsciente lo interpreta como mediocridad, poco interés, poca responsabilidad y, por ende, baja autoestima.

Inicias una relación que deseas sea duradera, para toda la vida y por no dedicar tiempo de calidad, esa relación en la que fincaste gran parte de tu emoción termina así, sin más.

Disfrutarás el verdadero placer de vivir, si empiezas a hacer conscientes los momentos con todos tus sentidos. Empezar a oler, a sentir, a ver y a escuchar con tu ser y tu corazón. Ahorita mismo puedes darte un tiempo y verificar la sensación de estar contigo mismo.

No hay nada seguro dentro de unos minutos. Lo único que de verdad importa es este instante que vives. Este momento que puede ser único sólo si tú lo decides.

Algún día seré feliz…

Cuántas veces hemos escuchado esta frase: "Algún día seré feliz." Esperamos el momento ideal, libre de problemas y preocupaciones, en el que todos los sueños o anhelos se cumplan, sin achaques ni enfermedades. Esperamos el momento en que mi familia esté completamente sana y feliz y, además, sin que ningún amigo o conocido tenga problemas.
Algún día seré feliz… Pero siempre hay una condición:

* Cuando me gradúe.
* Cuando me case.
* Cuando tenga un hijo.
* Cuando tenga una hija.
* Cuando tenga esa casa que tanto he soñado.
* Cuando se gradúen mis hijos.
* Cuando vea a mis nietos, ¡y cuando se los lleven!, ¡porque me los traen a cada rato para que los cuide!

Y así sucesivamente seguimos ilusionados en que algún día seremos felices, sin darnos cuenta de que la vida se nos va como agua entre las manos.

¿Quién nos hizo creer que cuando no haya problemas vendrá la felicidad?

Problemas siempre tendremos enfermedades o familiares enfermos también, sueños truncados, personas que nos complican la existencia, dolor, angustias y traiciones. Eso es parte de nuestra vida. El solo hecho de vivir trae consigo ciertas calamidades. Dejemos de creer que la felicidad vendrá después de acontecimientos importantes como:

* Cuando me cure...
* Cuando se cure...
* Cuando se solucione...
* Cuando se arregle...
* Cuando llegue...
* Cuando se vaya...
* Cuando tenga...
* Cuando pague...
* Cuando me paguen...
* Cuando logre...
* Cuando yo cambie...
* Cuando la cambie o lo cambie...
* Cuando inicie...
* Cuando termine...

Y así sucesivamente, creemos que algún día vamos a vivir mejores momentos y seremos inmensamente felices.

Tres recomendaciones para vivir en el presente

PRIMERA RECOMENDACIÓN: HACER CONSCIENTE EL MOMENTO

Hace unos días fui a un restaurante con mi familia. En la mesa que estaba a mi lado, había un niño de aproximadamente 7 años con su familia. Ese niño, mientras comía, disfrutaba de cada bocado cerrando sus ojos, con una expresión de satisfacción total. ¡Si hubieras visto la escena! Primero se te hubiera antojado tanto como a mí lo que con gran gusto comía, y segundo, hubieras reflexionado, como yo, sobre las veces que no tomamos importancia de algo tan maravilloso como comer. Algo probablemente tan cotidiano para muchos, pero al mismo tiempo digno de agradecer a la vida por hacerlo, pues hay millones de personas en el mundo que no tienen qué comer. Nos acostumbramos a comer por necesidad y olvidamos disfrutar la comida que, gracias a Dios, tenemos en nuestra mesa.

Supongo que la experiencia marca la diferencia, y es por eso que las personas de la tercera edad disfrutan más los detalles. Observan con mayor delicadeza lo que les rodea, pues a cierta edad empezamos a detectar –y a enfocar– cosas y momentos que verdaderamente importan.

Durante un vuelo que realicé en México, viajaba una agradable y sonriente señora a mi lado. Una dama de más o menos 75 años, muy guapa, perfectamente peinada con un pelo blanco natural y sumamente cuidado.

Al servirnos las bebidas, la señora empezó a saborear su jugo de naranja. Después de beberlo, tomó una servilleta y empezó a acariciar suavemente su textura, posteriormente la pasó con delicadeza por su rostro, la volvió a extender, la dobló despacio mientras yo seguía atento todos sus movimientos (ya ves que soy muy curioso). Miraba con qué delicadeza sentía la textura de ese producto. Un momento después, ahí estaba yo tocando mi servilleta para sentir su textura. ¡Jamás lo había hecho o me había detenido para verificar eso! ¡Hacía años que no era consciente de algo tan simple! No percibimos el valor tan grande que tienen los sentidos. Olvidamos la maravilla que significa ver, escuchar, oler, sentir, tocar... y pasamos por la vida estando, pero no viviendo.

Por hacer grande una situación que dentro de varios años no tendrá ninguna importancia nos perdemos de instantes que en realidad importan. Por desgracia eso se aprende con la edad.

"Abuelo, en la escuela uno de los profesores la trae contra mí", le dije a mi abuelo Luis cuando cursaba el cuarto año de primaria. Él volteó con mucha seriedad y me pidió que le explicara más del asunto, me pidió más detalles. No olvido su expresión seria ante mis palabras, sus miradas y movimiento de manos. Sus preguntas inquisitivas, pero más que preguntarme directamente del tema, me preguntaba sobre lo que yo sentía: "¿Y qué sentiste cuando te gritó así? ¿Qué piensas de eso?"

Cuando terminé de expresar mi problema dijo: "Mira hijo, ¿tú crees que eso tendrá alguna importancia en un año? ¿Tú te imaginas que ese profesor significará algo en tu vida en diez años?" Y soltó una carcajada. "¡Te aseguro que no! La gente tiene muchos problemas, esos líos los desbordan y no hallan la forma para sacarlos." Luego añadió: "Los sacan con coraje y frustración hacia quienes los rodean. Sé inteligente y dale por su lado, porque él ahorita *tiene el sartén por el mango*. Verás que tu indiferencia con amabilidad será tu mejor estrategia. Por lo pronto, ahorita no está ese profesor amargado aquí, y lo que si está es ese pan de dulce con café que puso tu abuela en la mesa. ¿Quieres?"

Un aprendizaje así sólo se da con los años, con las caídas, las decepciones y los sinsabores de toda una vida. En ese momento aprendí que cada problema tiene su momento y su solución llegará también en su momento.

Helen Keller, quien era sordomuda y ciega, escribió que hubiera dado con gusto diez años de su vida tan sólo por ver un amanecer o un atardecer. Por oír la risa de un niño, el canto de un pájaro o una sinfonía de Beethoven.

Nosotros tenemos todo eso a nuestro alcance y mil placeres más, gracias a nuestros sentidos.

No olvides que las mejores cosas de la vida son gratis, pero vivimos tan de prisa que las personas pasan por nuestra existencia como cometas fugaces y no les dedicamos el tiempo que merecen.

Nuestros padres e hijos son los seres que nos hacen disfrutar más la vida, pero nos la pasamos quejándonos amargamente de lo necios que son de repente. Y cuando se nos van, ¡ah, cómo les lloramos! Cómo recordamos esos momentos que vivimos o que desperdiciamos por una u otra razón. El tiempo no perdona y en general quienes más lo añoran son quienes viven de prisa, sin detenerse a admirar o a contemplar. El tiempo no regresa y ¿cuántos desearíamos vivir de nuevo los bellos momentos?, pero más conscientes, más presentes.

Por eso, mi primera recomendación es hacerlo todo consciente, y disfrutar lo que realizas consciente del momento, sintiéndote merecedor de ser feliz.

SEGUNDA RECOMENDACIÓN: SOBRE MOMENTOS VIVIDOS, LAS COMPARACIONES SON ODIOSAS

A veces, cuando estamos disfrutando un instante, solemos recodar momentos mejores y por esta circunstancia se pierde el encanto del presente.

Hacer comparaciones respecto a la gente que conocemos, los lugares y los momentos que hemos vivido, puede causar cierto malestar. Un año vamos a Cancún y disfrutamos del mar azul turquesa y de la arena casi blanca de sus playas. Otro año vamos a Veracruz o a Tampico y entonces empiezan las comparaciones: "Qué bonito malecón tiene el puerto de Veracruz, pero en Cancún la arena es clara y como talco; aquí es dura y oscura."

"¡Qué padre estuvo el concierto!, pero fue mejor el que vimos hace un año."

"¡Me encantó la boda!, pero ¿verdad que estuvo mejor la boda de Miriam y Francisco? ¡Fue mucho más animada!"

"¡Me encanta el trabajo nuevo!, pero donde estaba antes me sentía mejor por los horarios."

Es de sabios analizar, pero si la comparación te impide valorar lo que actualmente tienes, no es saludable. El pasado siempre tendrá sus ventajas y sus buenos momentos, el reto es encontrar en el presente motivos suficientes que nos ayuden a valorar pasado y presente con gran intensidad. Los cambios siempre son favorables y nos permiten evolucionar, aunque al principio no veamos las ventajas.

Busca motivos para disfrutar cada lugar sin necesidad de compararlo con otro. En los viajes que realizo con mi familia propongo lo que he llamado la regla del buen viajero: *No comparar, mejor disfrutar.*

Cada lugar tiene su encanto y es mi obligación personal encontrarlo. No pretendamos que una persona tenga los mismos detalles que tiene otra. No nos lamentemos de que en este trabajo no nos traten tan bien como nos trataban en el anterior. Las comparaciones quitan méritos a las personas, los lugares o las cosas.

¿Dónde se valen las comparaciones?

Comparar precios y beneficios antes de comprar es indudablemente un gran beneficio y casi una obligación. Pero en cuestión de vivir el presente también ayuda mucho la comparación cuando tengamos la imperiosa necesidad de quejarnos o las ganas de reclamar a Dios por lo poco afortunados que somos. Por lo mal que nos fue en algo o por lo mal que me han pagado las personas. Es cuestión de voltear a nuestro alrededor para darnos cuenta de tantas personas que tienen mayores sufrimientos que nosotros y aún así sonríen a la vida. Cuando sufrimos por alguna carencia, por algo que luchamos mucho y no se concretó, vemos quien tiene problemas mayores. Cuando lamentamos que una relación haya terminado y vemos a quienes han sufrido ausencias más dolorosas y por razones donde la injusticia se hace presente. En cuestión de sufrimiento siempre habrá quien nos supere.

TERCERA RECOMENDACIÓN: SE DISFRUTA MÁS EL PRESENTE CUANDO SE COMPARTE O SERVIMOS A LOS DEMÁS

¿Te has dado cuenta de qué es lo primero que hacemos cuando vemos un paisaje maravilloso? Inmediatamente lo fotografiamos para compartir ese instante memorable con alguien.

Cuando vemos la luna llena saliendo por el horizonte, queremos que quienes amamos la vean con nosotros.

Si estamos viendo una película en la televisión y llega repentinamente alguien que queremos, le decimos la trama para que la entienda e inmediatamente le pedimos que se siente a verla con nosotros. Tú sabes que *los buenos momentos se disfrutan mucho más cuando se comparten.*

Rara vez nos quedamos con la exclusividad que ese instante representa. La soledad es gratificante para muchos y temida por otros. Todos la necesitamos en mayor o menor escala, pero en general los momentos más significativos han sido y serán los que compartimos con alguien. Bautizamos, nos casamos, celebramos aniversarios e inclusive cuando morimos, estamos acompañados por momentos importantes, memorables, significativos.

¿Qué es más gratificante, obsequiar algo o que te obsequien algo? Por supuesto que ambos son motivo de alegría, pero dar siempre llena más. Ser serviciales siempre incrementará el nivel de felicidad que podamos sentir. ¿De qué sirven las cosas si no las compartimos? Dar será siempre una acción que ayuda a recordar que vale la pena vivir por el sentido de trascendencia que representa. Gran cantidad de personas encontraron la esencia de la vida al dar y darse a los demás.

El gran poeta Rabindranath Tagore expresó una frase llena de verdad y sabiduría: *"Dormí y soñé que la vida era alegría. Desperté y vi que la vida era servir. Serví y descubrí que en el servir se encuentra la alegría."*

Cuando pasen los años de lo que más nos vamos a arrepentir no es de lo que hicimos, sino de lo que no hicimos, de lo que no amamos, de lo que no dijimos, de lo que no bailamos, de lo que no reímos, de lo que no valoramos, lo que perdonamos, lo que no nos perdonamos. Pasan los años y nos damos cuenta de que en las cosas más simples se encuentra la felicidad.

Bárbara Brown Taylor escribió un relato que expresa la fuerza que tiene disfrutar con servir:

Un profesor fue invitado a dar una conferencia en una base militar, y en el aeropuerto lo recibió un soldado llamado Ralph. Mientras se encaminaban a recoger el equipaje, Ralph se separó del visitante en tres ocasiones: primero, para ayudar a una ancianita con su maleta; luego para cargar a dos pequeñitos a fin de que pudieran ver a un personaje que interpretaba a Santa Claus y después para orientar a una persona. Y cada vez regresaba con una sonrisa que le iluminaba el rostro.

—¿Dónde aprendió a comportarse así? –le preguntó el profesor.

—En la guerra –contestó Ralph. Entonces le contó su experiencia en Vietnam. Allá su misión había sido limpiar campos minados.

Durante ese tiempo había visto cómo varios amigos suyos, uno tras otro, encontraban una muerte prematura.

—Me acostumbre a vivir paso a paso –explicó–, nunca sabía si el siguiente iba a ser el último día de mi vida; por eso tenía que sacar el mayor provecho posible del momento que transcurría entre alzar un pie y volver a apoyarlo en el suelo. Me parecía que cada paso era toda una vida.

Por supuesto que nadie puede saber lo que habrá de suceder mañana. Imagínate lo triste y aburrido que sería el mundo si lo supiéramos. Toda la emoción de vivir ser perdería, nuestra vida sería como una película, pero que ya vimos. Ninguna sorpresa, ninguna emoción. Le agregamos sentido a nuestro presente si servimos a alguien. Si con nuestro actuar beneficiamos o alegramos la vida de otra persona.

¿Sabes cuál es una de las primeras recomendaciones que hacen los terapeutas cuando tratan a personas con tristeza o depresión? Les piden que recuerden *¿quiénes los necesitan? ¿A quiénes podrían ayudar?*

Se encuentra sentido y se trasciende cuando se hace algo por los demás.

Una amiga había sufrido durante más de dos años por una ruptura amorosa. Más de diez años de relación, siete de novios y tres de matrimonio. Un día, detectó la infidelidad de su esposo y él decidió abandonarla al confesarle que amaba profundamente a esa persona. Sumida en la tristeza, no quería ver a nadie. No quería saber de nadie. La mayor parte del día se la pasaba dormida, tanto por el medicamento como por convicción.

Ella menciona que su cambio fue radical cuando escuchó esta frase en mi programa de radio: "Si amaste mucho y terminó esa relación, recuerda que no fue pérdida. Esa experiencia te hizo aprender tu gran capacidad de amar, de dar y alguien recibió un amor que antes no tenía."

En ese mismo programa agregué: "Recuerda que no puedes obligar a nadie a que te quiera. Lo que sí puedes es quererte tanto que atraigas a ti la paz, el amor y la prosperidad."

Estas palabras le abrieron los ojos y descubrió que la vida es mucho más que una sola persona. Ella entendió que el amor que se ha dado nunca será amor desperdiciado. Se viven los momentos más intensamente cuando le encontramos sentido a lo que hacemos.

La historia anterior me hizo recordar una de las entrevistas que le realicé al cantautor y poeta Facundo Cabral, a quien admiré por su historia de vida. En mi programa de radio él contó una anécdota muy original que quiero dedicar a quienes fincan su felicidad en una sola persona. Cuenta que siendo muy joven, llegó a su casa donde le esperaba su madre sumamente preocupada y afligida. Su madre había sido abandonada tiempo atrás por su esposo y ella se había hecho cargo de la manutención de toda la familia. Una mujer fuerte e inteligente, pero al mismo tiempo entregada en cuerpo y alma a la formación de Facundo y sus hermanos.

Al entrar a la casa, la mujer corrió a su encuentro y le preguntó:

—Hijo, ¿cuántos habitantes hay en el mundo?

—¿Por qué preguntas eso, madre? –dijo Facundo.

—¡Contesta, hijo! ¿Cuántos millones de habitantes hay en este planeta?

—Pues, aproximadamente seis mil quinientos millones de habitantes mamá. ¿Por qué lo preguntas?

La madre se quedó sorprendida y muy pensativa, repitiendo en voz baja: seis mil quinientos millones...

—¿Por qué preguntas, madre? –volvió a preguntar Facundo, impactado por la insistencia de su madre. Entonces en tono de desconcierto y asombro su madre le dijo:

—Seis mil quinientos millones de habitantes, de hombres y mujeres y ahí está tu hermano ¡llorándole a una mujer!

Por supuesto que los momentos compartidos son los mejores, pero nunca olvidemos el riesgo tan grande que significa fincar la felicidad en una sola persona y olvidar que la vida es mucho más que eso. Tal y como compartí en mi libro *Destellos*, la verdadera motivación para la felicidad está en analizar tres preguntas: *¿Qué? ¿Quién? ¿Para qué?*

¿Qué me motiva?

En esta pregunta se incluyen todas las motivaciones que podrían considerarse mundanas o materiales. Me motiva mi estudio, mi casa, mis ahorros para el futuro, mi auto y todo lo que se te ocurra relacionado con lo que se puede adquirir fruto de tu esfuerzo principalmente económico.

Tener no es malo. Tampoco soy de los que piensan que lo material no importa. ¡Claro que importa! Importa nuestra casa, ropa, comida y los recursos que garanticen de alguna forma nuestro presente y futuro. Dentro de la escala de necesidades que hace años compartió Abraham Maslow, tener es precisamente la base de esa pirámide de necesidades. El problema es cuando por *tener* se nos olvida *ser*. Y por tener perdemos las otras dos motivaciones que a continuación comparto. Rara vez lo material se disfruta en soledad. Generalmente, cuando se comparte se disfruta mucho más.

¿Quién me motiva?

Esos seres que significan tanto en nuestras vidas, que son motores fundamentales para nuestro esfuerzo diario. Mi esposa, mis hijos, mis padres, mis hermanos, mis compañeros de trabajo, el público que acude a mis conferencias y quienes leen mis libros. Por supuesto que son motivaciones que dan sentido a la vida. Amamos tanto a nuestra familia que, cuando existe una pérdida, sentimos que la vida cambia de manera radical. Le damos tanto sentido a las personas que los duelos pueden durar toda una vida; esto depende de muchos factores que ayudan a sobrellevarlo: los afectos de quienes te rodean, tu autoestima, tu relación con Dios, los lazos de amor que los unieron y la forma como tocaron mutuamente sus vidas. Tanto influyen los seres humanos en nuestras motivaciones que escribí *Una buena forma para decir adiós*, libro donde hablo exclusivamente sobre ese tema. Espero que lo leas.

Nos motivan tanto otros seres humanos que por eso no podemos ni debemos idealizarlos tanto, pues su ausencia hace que perdamos todo sentido de existir. Estoy seguro de que conocerás a alguien que ha vivido una experiencia similar, o bien, hayas sido tú quien lo hayas experimentado en alguna etapa de tu vida. Ésa es precisamente la conclusión de la anécdota que compartió el inolvidable Facundo Cabral.

¿Para qué me motivo?

El sentido trascendente es el que da significado a la vida. Me quedaría muy corto si pensara que tú lees este libro, simplemente, por mero esparcimiento. Yo deseo que este libro ayude a fortalecer en ti el deseo de vivir con intensidad. Que te ayude a encontrar sentido a lo maravilloso que es vivir, aun con las adversidades que siempre se presentan. Si alguno de mis lectores lo hace, este libro y todo el esfuerzo que conlleva ya tiene sentido. Ya tiene un *para qué*. Este mismo *para qué* es el que una madre desea, al dar tanto amor y entrega a sus hijos: "Para que sean hombres y mujeres de bien; para que sean honestos y serviciales, buenos padres en el futuro y para que sean felices."

Te quiero decir que mi *para qué* más grande es mi *Dios*. Él que le da sentido a todo mi trabajo. Estas tres motivaciones le dan sentido a la vida y las tres son compartidas.

Quiero compartir contigo esta historia que hace tiempo alguien me envió a mi correo:

Un hombre se sentó en una estación del metro en Washington y comenzó a tocar el violín, en una fría mañana de enero. Durante los primeros cuarenta y cinco minutos, interpretó seis obras de Bach. En el mismo tiempo, se calcula que pasaron por esa estación algo más de tres mil personas.

Transcurrieron tres minutos hasta que alguien se detuvo ante el músico. Un hombre de mediana edad alteró por un segundo su paso y advirtió que había una persona tocando música. Un minuto más tarde, el violinista recibió su primera donación: una mujer arrojó un dólar en la lata y continuó su marcha. Algunos minutos más tarde, alguien se apoyó contra la pared a escuchar, pero enseguida miró el reloj y retomó su camino.

Quien más atención prestó fue un niño de 3 años. Su madre lo tiraba del brazo, apurada, pero el niño se plantó ante el músico. Cuando su madre logró arrancarlo del lugar, el niño continuó volteando su cabecita para observar al artista. Eso se repitió con otros niños. Todos los padres, sin excepción, los forzaron a seguir la marcha.

En los tres cuartos de hora que el músico tocó, sólo siete personas se detuvieron y otras veinte dieron dinero, sin interrumpir su camino. El violinista recaudó treinta y dos dólares. Cuando terminó de tocar y se hizo silencio, nadie pareció advertirlo. No hubo aplausos, ni reconocimientos.

Nadie lo sabía, pero ese violinista era Joshua Bell, uno de los mejores músicos del mundo, tocando las obras más complejas que se escribieron alguna vez, en un violín valuado en tres y medio millones de dólares.

Dos días antes de su actuación en el metro, este gran músico llenó un teatro en Boston, con localidades que promediaban los cien dólares. Esta es una historia real. La actuación de Joshua Bell de incógnito en el metro fue organizada por el diario *The Washington Post* como parte de un experimento social sobre la percepción, el gusto y las prioridades de las personas.

La consigna era: en un ambiente banal y a una hora inconveniente, *¿tenemos la capacidad de percibir la belleza? ¿Nos detenemos a apreciarla? ¿Reconocemos el talento en un contexto inesperado?*

Una de las conclusiones de esta experiencia, podría ser la siguiente: si no tenemos un instante para detenernos a escuchar a uno de los mejores músicos del mundo interpretando la mejor música escrita, *¿de qué otras cosas nos estaremos perdiendo?*

De cuántas cosas más nos estaremos perdiendo por tener nuestra mente sumida en pensamientos que no ayudan en nada a nuestra armonía del presente. Dar rienda suelta a los pensamientos negativos puede destruir un presente maravilloso e irrepetible, que en el futuro podría ser un recuerdo inolvidable, una anécdota digna de compartirse.

Esto me recordó un viaje de trabajo que realicé a República Dominicana. Después de compartir una serie de conferencias en Santo Domingo, fuimos invitados a pasar todo un día a una finca campestre, junto con mis entrañables amigos conferencistas de ese país. ¡Qué lugar! ¡Qué forma de manifestarse Dios en tanta vegetación, con la majestuosidad de los árboles que rodeaban un río de aguas cristalinas! Un lugar digno de recordarse por su abundante vegetación, la sensación de paz y por la grata compañía.

Decidimos nadar río abajo. El agua estaba fría y tranquila. Nadar viendo hacia arriba era un momento de éxtasis, por los árboles que se unían con sus hojas de lado a lado del río. Mi admiración por tanta belleza natural iba en aumento, hasta que se me ocurrió hacer una pregunta, cuya respuesta amargó abruptamente ese mágico momento: "¿En este lugar no hay animales peligrosos?" "Pues mira César, me contestó el anfitrión y dueño de la finca, peligrosos, peligrosos, lo que se dice peligrosos, no. Sólo hay culebras." "¿Perdón?, dije deteniéndome abruptamente a mitad del río como si me hubiera dado un calambre." "Sí, me dijo, sólo hay víboras, pero a pesar de su gran tamaño, no hacen nada." En ese momento, terminó mi éxtasis y todo empezó a trascurrir en cámara lenta. El miedo se apoderó de mí a mitad de ese río. ¡Qué belleza ni que nada! ¡Qué río majestuoso ni que la fregada! ¡Lo que quería era salirme y regresarme cuanto antes de ese lugar! Algo que era prácticamente imposible, por la gran vegetación que rodeaba el río la única forma de transitar era nadando.

Como probablemente habrás intuido, le tengo cierto respeto (por no decir terror) a las víboras. Pero como me encontraba rodeado de muchos colegas, quienes, por cierto, mantuvieron una calma que en ese momento odié, compartiendo chistes y demás, intenté mantener la cordura con una cara de terror en mi rostro que, por más que quería, no podía evitar. Ese momento de tanta felicidad fue truncado por un pensamiento de algo que tal vez no ocurriría: un encuentro con una víbora que nunca se apareció (a Dios gracias).

Las situaciones memorables pueden ser truncadas por las suposiciones de lo que puede ocurrir, por las imágenes mentales que armamos ante lo inesperado. Lo más relevante es que muchas veces no ocurren, y esos momentos no se repiten.

Espantemos al fantasma de la rutina

—¿Para qué vamos al otro supermercado, si aquí ya sabemos dónde está todo? —Me dijo mi esposa.

—Para espantar al fantasma de la rutina -le contesté.

Ir siempre al mismo supermercado ya era un hábito. Como autómatas recorríamos los mismos pasillos e íbamos entrando a una inercia que afecta a muchas personas y que muchas veces es imperceptible.

Acudimos a los mismos restaurantes, pedimos los mismos platillos, e inclusive el mesero que *siempre* nos atiende nos pregunta amablemente: *¿lo de siempre?* Si vamos a misa, al culto o al templo, procuramos el mismo lugar, y cuando se encuentra ocupada por otras personas, nos molestamos como diciendo *ése era mi lugar.*

Es difícil detectar cómo entra a nuestras vidas este terrible enemigo que he llamado el *fantasma de la rutina.* ¿Por qué *fantasma?* Por la gran similitud que tiene con esos seres que supuestamente existen, que aparecen en forma repentina y que de esa misma forma se van. Así es la rutina, se va filtrando en nuestras vidas como la humedad o como los malos olores. Y para cuando te acuerdas, ya no hueles lo desagradable porque te adaptaste, te acostumbraste.

No quiero confundir este concepto con las rutinas saludables que ayudan a nuestro crecimiento; las cuales a veces, durante su práctica constante, pueden generar aburrimiento y suplicio, aun y con el beneficio que su práctica lleva.

RUTINAS SALUDABLES

El día que quieras inculcar más disciplina en tus hijos, enséñales hábitos y rutinas así será mucho más fácil. Un niño desordenado puede mejorar notablemente si le enseñan rutinas de orden y limpieza; por ejemplo, cuando lo invitamos a ser más ordenado en sus cosas como:

No puedes dormirte sin guardar antes tu ropa.

Antes de irte a la escuela, hay que tender la cama diariamente.

Antes de cenar, la tarea tiene que estar terminada.

Claro que cuando estas sugerencias de orden no son aceptadas ni mucho menos obedecidas existen algunos "estimulantes" que pueden ayudar a que las cosas se hagan. Puedes poner algunas restricciones que a mi madre le funcionaron perfectamente con mis hermanos y hermanas como ésta:

—¡No puedes dormirte sin antes guardar tu ropa! ¡Y si no lo haces, olvídate de tu bicicleta por una semana!

¡Santo remedio! Porque mi madre cumplía todos los castigos que nos imponía, a pesar de que le doliera el corazón por ello. Aunque muchas veces detectaba su arrepentimiento, porque se le pasaba la mano en la prohibición, la cumplía. Considero que en la actualidad los padres somos más blandos en este rubro, por ejemplo:

—Pobrecito Jesús -dice la esposa. Ya déjalo ver televisión, lleva mucho tiempo que no la ve. Ya van casi tres horas...

En ese momento se rompe el encanto de la posibilidad de enmendar y poner límites. Otro ejemplo:

—¿Verdad que cala no tener videojuegos, Bernardo? ¿Verdad que cala? Bueno, ya puedes jugar, pero a la otra que no obedezcas ahora sí te lo quito toda la semana, ¡y no sólo media hora como ahorita!

¿Tú crees que este tipo de limitaciones temporales y ruptura de acuerdos funcionan? ¡Claro que no! Los alicientes de nuestros niños y jóvenes de hoy han cambiado. A menos de que sea un ciclista profesional, le vale un sorbete que le quites la bicicleta. Tal vez si le quitas la computadora, el videojuego, el teléfono, Internet u otro aparato electrónico que él disfrute, piensa más antes de no cumplir lo que se le pide.

Te aseguro que las cosas se facilitan para quienes en primera instancia hacen caso a las "sugerencias" de mejora. Somos padres y somos guías. Amar a nuestros hijos es la consigna, pero guiarlos en el camino de la honestidad, el amor, el respeto, el orden y la limpieza es parte de nuestra misión.

Cuando se incluyen este tipo de rutinas, el niño o el joven se organiza más rápido y termina por convertirlo en hábitos que ayudan a su crecimiento y formación.

Lo mismo sucede cuando somos adultos y tenemos rutinas que ayudan a superarnos. Nada me ha beneficiado más que la rutina diaria de levantarme temprano para hacer ejercicio. ¿Es rutina? Probablemente sí, pero no permito que el *fantasma* haga de las suyas, porque procuro hacer cambios dentro de lo habitual. No siempre el mismo ejercicio. Algunos días camino, otros corro, unos solamente sigo una rutina de pesas. Mi repertorio auditivo durante el ejercicio es sumamente variado, ya que me hago acompañar con música de todo tipo alternando con audiolibros que ayuden a mi superación diaria.

Mi vida sería rutinaria si siempre hiciera el mismo ejercicio, en el mismo orden, con la misma música o en el mismo lugar. De ti y de mí dependen los cambios dentro de una rutina establecida.

Otra rutina saludable puede ser la alimentación. Quien ha aprendido a comer sin dañar su organismo busca nutrirse con alimentos bajos en calorías, en colesterol y triglicéridos, altos en proteínas y minerales, sin que falte el agua. La clave de una buena dieta consiste en la variedad y la combinación de alimentos. En este sentido, el fantasma de la rutina y el aburrimiento me atacaría si, en pro de verme mejor y bajar peso, procuro siempre comer la misma ensalada, el mismo pollo hervido e insípido, porque comiendo siempre igual olvidaría que la mejor dieta de reducción se basa en comer de todo pero con medida. De este importante tema, al que he llamado "Los diez pasos para mantener una alimentación saludable y bajar de peso", hablaré más adelante.

Las rutinas saludables nunca se pondrán en tela de duda. El reto consiste en que con su repetición no se caiga en el aburrimiento. Si algo funciona en tu vida, repítelo pero siempre buscando la forma de mejorarlo o modificarlo para no caer en las garras del *fantasma* de la rutina.

EL FANTASMA EN LA COCINA

Comer es uno de los placeres más grandes del ser humano, pero puede convertirse en un suplicio o un sacrificio. Somos seres de costumbres que se pueden convertir en rutinas, y comer se puede convertir en una de ellas. Fácilmente caemos en la trampa de tener un cuadro típico de alimentos. Ya sea por la comodidad o por no batallar con platillos muy elaborados o fuera de nuestra práctica, hacemos "pan con lo mismo".

¿Qué haré de comer? El fantasma se acerca y te dice: "Hazles huevo…" "¿Quieren huevito con chorizo o chorizo con huevo? ¿O chorizo y huevo? ¿O huevo y algo de chorizo?", propones.

Total que no salimos de huevo y la quesadilla, y en cena de gala, atún. La gente se harta del sazón y más los niños. Para salir de la rutina, sorprende con un platillo inesperado, ya que es verídico que el amor entra por la boca *y no precisamente con el toloache*; por cierto, existe la creencia de que el toloache sirve para enamorar, pero la ciencia asegura que esta planta provoca severos daños neurológicos. Dice la tradición que, para enamorar a alguien, basta poner polvo o gotas de toloache en la comida o bebida del prospecto. Sin embargo, los propios vendedores de toloache saben que su consumo en exceso va matando las neuronas, por ello se dice que la otra persona "se atonta" y así "se enamora". Total que el efecto sale contraproducente.

Sorprende y sorpréndete con un platillo nuevo. Espanta la rutina con ingredientes nuevos para tu paladar y verás que la vida cambia. O bien, si lo que quieres es incrementar la llama del amor por medio de la comida, no olvides los ingredientes que Tita, la protagonista de la novela *Como agua para chocolate* de Laura Esquivel, usaba en sus recetas. Esta novela, ubicada en el México fronterizo de principios de siglo XX, une la historia de un amor y la buena comida. Tita y Pedro ven obstaculizado su amor cuando mamá Elena decide que Tita, su hija menor, debe quedarse soltera para cuidar de ella en su vejez. En medio de los olores y sabores de la cocina tradicional mexicana, Tita transmite sus sentimientos a las personas que comen lo que preparaba. A lo largo de la historia, Tita sufrirá largos años por un amor que perdurará más allá del tiempo.

Es cierto que el éxito o fracaso de un platillo depende de cómo te sientas en el momento en que lo preparas. Esto lo he constatado en mis pláticas con chefs de hoteles en donde imparto capacitación. También lo he comprobado personalmente al preparar la cena a mis hijos y ver cómo prácticamente "devoran" lo que con tanto amor hice, y más cuando me preguntan: "¿Qué le pusiste que sabe tan rico?" Obviamente, los ingredientes más importantes son el amor y las ganas, los cuales hacen que los platillos tengan un sabor diferente y original. Ahora bien, si te interesa incrementar el entusiasmo en la pasión, hay otros remedios mucho más efectivos que le *toloache*. Aunque muchas personas se muestren reticentes al respecto, existe un gran número de alimentos que forman parte de la dieta del mexicano y pueden estimular su entusiasmo en el arte de amar. He aquí algunos de ellos:

* *Aguacate*. Es rico en vitaminas A y E, además de aceites naturales, proteínas y minerales que resultan esenciales para la generación de hormonas sexuales. ¡Difícil de creer, pero cierto!

* *Apio*. Restituye la energía perdida por el desgaste físico, particularmente en quienes viven con estrés constante; además fomenta el aumento de testosterona en la sangre e incrementa el deseo.

* *Canela*. Aparte de que es excelente para mejorar la circulación y calmar la tos, eleva la temperatura corporal y reduce la tensión y la ansiedad.

* *Cereza*. Tienen gran cantidad de vitaminas del complejo B y es afrodisiaco porque aumenta la utilización del oxígeno y potencia la función cardiaca.

* *Chocolate*. Se ha comprobado que el cacao posee una cantidad considerable de feniletinamina, agente que activa los receptores de las células nerviosas del cerebro las cuales producen sensación de bienestar. Ahora, imagínate un postre de chocolate con fresas. ¿Por qué fresas?

* *Fresas*. Favorecen el flujo sanguíneo y por eso se les atribuyen cualidades que aumentan el deseo.

* *Mariscos*. Los "frutos del mar" son importantes coadyuvantes en la salud sexual, principalmente por el aporte de minerales como el fósforo que ayuda a asimilar las proteínas; el yodo, indispensable para el óptimo funcionamiento de la glándula tiroides que interviene en todas las funciones del organismo; y el zinc, que se relaciona con el buen funcionamiento del sistema reproductor masculino.

Otros productos estimulantes son las nueces, el pistache, la menta y la miel. Así que si quieres evitar la rutina en el amor, incluye estos alimentos en una comida en pareja.

LA RUTINA EN EL AMOR

No conozco metódico feliz, y lo afirmaré cuantas veces sea necesario. No puedo entender cómo permitimos que el hastío y la monotonía entren en nuestras relaciones. No se requiere dinero ni esfuerzo adicional para agregar esas dosis que le dan sentido a una relación.

La rutina entra en nuestra relación cuando dejamos de esforzarnos por hacer de un momento algo especial. Conforme dejamos de expresar lo que vivimos, dejamos de expresar lo que sentimos, y esto nos lleva tarde que temprano a silencios largos que apagan la llama del amor.

Es triste ver la gran cantidad de parejas que día con día deciden separarse por la ausencia de emoción en su relación. Reconozco que no es posible seguir sintiendo por siempre la misma euforia de la etapa del enamoramiento. Tú sabes, la elevación de la dopamina y otras hormonas de la felicidad tiene un tiempo de duración. En esta etapa prácticamente estamos *"dopados"*, es decir, nos parece bellísima la persona en cuestión, le vemos cualidades que ni tiene, sentimos que el mundo se detiene ante su presencia, y la taquicardia y ansiedad se acentúan cuando no está el ser amado.

Posteriormente, bajan los niveles de dopamina y llegamos a la etapa del apego y amor verdadero, donde cada uno tiene que poner de su parte para lograr que la armonía y el entendimiento estén en la relación. En estos momentos, se conocen los defectos y aún así se decide amar.

No saber los cambios bioquímicos que se suscitan en el enamoramiento (y que compartiré más adelante) puede causar confusión y fomentar la creencia de que ya no hay amor. De por sí la baja de hormonas de la felicidad sucede, ¡imagínate los estragos que causará si, aunado a eso, no alimentamos la relación con detalles que eliminen la rutina y el aburrimiento! Esto es una decisión de dos, porque se requiere reciprocidad.

El matrimonio: ¿felicidad o suplicio?

Los que estamos adentro nos queremos salir…, los que están afuera quieren entrar.

Los primeros días son difíciles…, los restantes son… ¡insoportables!

Mi matrimonio ha pasado tan rápido como un día… ¡pero debajo del agua!

Frases como esas son muy escuchadas, "en son de broma", pero bien decía mi abuela: "¡Entre broma y broma, la verdad se asoma!" En mi caso, lo digo con sinceridad y doy gracias a Dios: estar casado ha sido una verdadera bendición. Hay tres preguntas muy importantes que definen nuestro futuro:

1. ¿Quién quiero ser?

2. ¿Con quién quiero estar?

3. ¿Qué debo pensar de mí para que eso suceda? ¿Qué tipo de pensamientos debo tener para que mi vida sea mejor?

La persona con la que queremos compartir la vida constituye gran parte de nuestra felicidad; por eso en la actualidad percibo más temor para dar este paso tan importante que es el matrimonio. Es muy común ver personas que ya están dejando atrás su juventud y declaran sin tapujos que "es mejor estar solos que mal acompañados". Es común que su afirmación esté basada en lo que han visto en personas cercanas, sobre todo en amigos y familiares, en que les ha ido *como en feria* en sus matrimonios.

Hay quienes dicen que el matrimonio es para temerse, o bien, hay quienes dan ese paso con tan poca seguridad que van con la convicción de que si no funciona para eso existe el divorcio, y otra vez "cada quien por su lado".

El temor al matrimonio está latente; eso lo vemos en la gran cantidad de casos de personas que se casan felices y, al cabo de un tiempo, la amargura y el hastío se reflejan en sus rostros.

Se ha escrito mucho sobre el tema, y he constatado que, si cuidamos siete reglas básicas, habrá más posibilidades de que el matrimonio sea estable y dure *para siempre*. No aseguro que esa pasión desbordante con la que muchos nos casamos continúe, pero sí estarán presentes la armonía y el amor necesario para compartir la vida y seguir juntos "hasta que la muerte nos separe". ¿De dónde saqué estas reglas? De la observación de personas que admiro por su capacidad de llevar una relación sólida y en armonía. He aquí las reglas básicas:

1. *Querer y dejarse querer.* Expresar un *te quiero* en forma constante con palabras y acciones. Tener la firme convicción de que hay que alimentar y expresar el amor con detalles que pueden parecer insignificantes, pero que al unirlos dan un matiz diferente, y hacen que la llama del amor siga viva. Dejarse querer es aceptar las manifestaciones de afecto de nuestra pareja, tales muestras de cariño no tienen que ser de la misma forma en que nosotros las expresamos. Cada quien tiene su forma y estilo, debemos detectarlo y acep-

tarlo. ¿Por qué a algunos se les dificulta querer? Por sus reacciones, por sus quejas constantes y sus lamentaciones de que la gente no es como ellos o ellas desean.

2. *No a las discusiones innecesarias y sin sentido*. Evitar la palabrería que sólo lleva a discutir por discutir, evitar querer siempre ganar la discusión tratando de minimizar los argumentos de la otra persona. Hay que detectar estos conatos y evitarlos. Es bueno tener presente esa regla básica que hace que una discusión sea asertiva. En cualquier discusión hay tres verdades: *"tu verdad, mi verdad y la verdad"*. Hay que evitar volvernos *"hipersensibles"*, reaccionando en forma impulsiva ante cualquier provocación. No olvides la frase: *¿qué prefieres, tener la razón o ser feliz?*

3. *Recordar tres palabras clave*. Estas palabras son *paciencia, prudencia* y *entendimiento*. Si las tenemos presentes, fomentarán la unión en cualquier relación. Paciencia, para recordar que la gente no tiene la misma rapidez de respuesta o inteligencia que probablemente tienes tú. Prudencia, para evitar decir o hacer algo de lo que tal vez nos arrepentiremos después. Y entendimiento, para recodar que cada cabeza es un mundo. Difícilmente sabremos lo que motiva o desmotiva a quienes nos rodean, no sabemos sus miedos, frustraciones o decepciones.

4. Borrar diariamente la "lista de agravios". Evitar las eternas letanías de reclamos que incluyen frases como: "es que tú siempre", "es que tú nunca". Evitar tocar ese botón que hace que la pareja se ponga como gato encrespado de coraje. Esos errores del pasado que, probablemente, ya se perdonaron, pero que sacas a relucir cada vez que se te ofrece. Todos sabemos qué es lo que nos molesta que nos recuerden o que nos saquen a relucir.

5. Ser oportunos. Saber cuándo, dónde y cómo resolver los pendientes y los problemas que se van presentando.

Recuerdo que mi madre, con inteligencia y sabiduría, buscaba el momento adecuado para tratar los problemas ásperos, las deudas y los arranques de cólera de mi papá o de alguno de nosotros. Normalmente se ponía guapa para recibirlo. Pero cuando se arreglaba más que de costumbre era porque tenían algún compromiso. Uno de esos días se sentó pacientemente a ver la caricatura de Tom y Jerry con nosotros. ¿La recuerdas? Si contestaste que sí, ya no te cueces al primer hervor, o sea, "ya estamos más para allá que para acá". Constantemente volteaba a ver el reloj esperando la llegada de mi padre, que ya se había retrasado. Cuando él llegó, se levantó y le dijo:

—¡Antonio, ya es muy tarde, la cena con tu mamá y tus hermanos era a las ocho, y ya casi dan las nueve!

Mi padre, hecho una furia, empezó a decir que él no va a ninguna parte, que había tenido mucho trabajo y que por ningún motivo iba a salir. Se metió a su cuarto dando un portazo. El silencio de mis hermanos y hermanas se hizo presente viendo a mi madre con cara de ¿?, entones ella volteó y nos dijo:

—No pasa nada, su papá trabaja mucho por nosotros. Viene muy cansado. Anden, sigan viendo la televisión.

Ella se fue a la cocina, partió queso, sacó del refrigerador una cerveza y se la llevó a mi papá que seguía encerrado en su cuarto.

Yo siempre he sido muy curioso.... lo sabes. Entonces fui y pegué mi oreja en la puerta para escuchar lo que sucedía en el interior. Escuché a mi madre, con una voz muy dulce, más de lo habitual, que le dijo:

—Ten, Antonio, te traje este quesito que compré hoy para ti. También esta cervecita bien fría. Al ratito vengo.

Entonces corrí y me senté con mis hermanos. Mi madre se sentó con nosotros y permaneció ahí pacientemente alrededor de quince minutos. Entonces, se dirigió nuevamente a la habitación donde estaba mi papá, cerró la puerta, a la cual me acerqué para escuchar lo que ambos hablaban, en eso ella le dijo:

—¿Te gustó el queso, mi amor?

—Sí –contestó mi papá con una voz muy diferente a la que habíamos escuchado unos minutos antes.

—¿La cerveza estaba bien fría?

—Sí, mi amor –contestó mi papá.

—Qué bueno, te la traje con mucho gusto –y agregó–: bueno, se me cambia rapidito porque la reunión es con su familia, no con la mía. Y además tú fuiste el que puso la fecha y la hora de la reunión.

—Sí, ya voy –contestó mi papá con un tono de voz de arrepentimiento.

—¡Ah! –dijo mi madre–, y que sea la última vez que me gritas así delante de mis hijos.

¡Sopas! ¿Así o más prudente?

No cabe duda de que la prudencia al hablar y al actuar hace milagros, ¿no crees tú?

Tenemos siempre la tentación de querer tratar las broncas en el momento, cuando se nos ocurre, pero a veces la imprudencia es tal que lo único que se ocasiona es un problema más grande de lo que es.

Ser oportunos para decir un *te quiero* o un *perdóname* también es un gran reto.

6. *La comunicación como bandera*. Saber comunicar correcta y oportunamente lo que se siente, los anhelos o la incertidumbre, las dudas o los aciertos, las penas o las alegrías. Hay un proverbio irlandés que dice: *"Las lágrimas derramadas son amargas, pero más amargas son las que no expresamos."*

7. *Disfrutar día con día*. Valorar cada momento de nuestras vidas. Recordar que la felicidad está en saber lo que se quiere, luchar por eso y disfrutar juntos el camino, no uno detrás del otro, sino uno al lado del otro.

Me es difícil creer que, aunque sabemos que la primera razón por la que una pareja fracasa es por la falta de comunicación, no hagamos nada al respecto.

Conocemos las razones y los efectos que tiene una separación. Imagínate cuántos momentos difíciles se podrían haber evitado si quienes convivimos en pareja recordáramos que el amor, más que un sentimiento, es una decisión.

Una de las dos etapas en el amor de pareja es el enamoramiento. Durante el enamoramiento vemos a la persona de la cual nos sentimos "enamorados" con cualidades que ni tiene. La idealizamos de tal manera que llegamos a sentirnos seres únicos y jamás amados por alguien de esa forma.

Estoy seguro de que en algún momento de tu vida te has enamorado. Los signos y síntomas de ese maravilloso momento incluyen: taquicardia, sequedad de boca, ansiedad, inquietud, ganas tremendas de ver a la persona amada y una sensación de que algo te falta cuando no está contigo. Te asalta una necesidad de expresar todo y a la vez nada. Quisieras saber y escuchar hasta los más mínimos detalles de lo que hace o piensa la persona en cuestión. Es un maravilloso sentimiento que duele, pero que quienes lo hemos vivido desearíamos revivir. Se genera en nosotros una revolución de hormonas y sustancias químicas que se incrementan y actúan revitalizando las células y provocando estas sensaciones tan peculiares.

Nos cambia la voz cuando estamos con la persona amada. Le decimos palabras que jamás nos imaginamos que le íbamos a decir otro ser humano: *chiquita, bebé, cosita, peque, bombón* y otros adjetivos melosos. Asimismo, aceptamos que nos digan otros tantos, y todo por la emoción que sentimos durante esta etapa.

Una sustancia en nuestro cerebro, denominada feniletilamina, obliga la secreción de la dopamina o la norepinefrina que, por sus efectos, se parece a las anfetaminas, las cuales producen un estado de euforia natural cuando estamos con nuestra pareja. Durante esta etapa, deseamos con ansias que, cuando menos, la persona amada nos llame por teléfono y, cuando lo hace, nos sentimos tan emocionados que casi se nos sale el corazón del pecho.

Según la profesora Cindy Hazan, de la Universidad de Cornell en Nueva York, "los seres humanos se encuentran biológicamente programados para sentirse apasionados entre 18 y 30 meses". Esta afirmación está basada en los resultados arrojados de una entrevista hecha a cinco mil personas de treinta y siete culturas distintas. A partir de esa investigación, Hazan determinó que la pasión tiene un tiempo de vida, claro que existen amorosas excepciones. Hay quienes aseguran (y no lo dudo) que después de diez, veinte o más años de casados, siguen sintiendo la emoción que cuando se enamoraron.

Supe de parejas especiales durante un viaje que realicé a Miami con motivo de trabajo. Los organizadores del evento eran un grupo de matrimonios que ayudan en una iglesia y me contactaron para dictar una conferencia a más de mil personas en esa ciudad a beneficio del templo. Durante una cena de bienvenida que me ofrecieron, conocí a don Patricio y doña Magdalena con más con cincuenta y cinco años de casados. Eran de esas personas de la tercera edad que se notan felices, que se toman de la mano y llevan una sonrisa constante en el rostro. Ella con cara de viejita agradecida con la vida y él, con cara de hombre pleno, realizado.

Ya sabes, hay caras de mujeres frustradas, gruñonas, refunfuñonas, mal humoradas, mal surtidas, y demás. Y entre nosotros los hombres existen las caras de *Don fregadetes*, o sea, hombres necios, mal encarados y frustrados.

Pero éste no era el caso. Él tenía una cara de paz, estabilidad y armonía que sólo los años bien vividos pueden dar. Me llamaba la atención que, a pesar de que el grupo de organizadores era bastante numeroso, ellos constantemente platicaban entre sí. Tantos años juntos, él jubilado, todo el día en su casa, ¡y todavía tienen temas de conversación!

Imposible desaprovechar la oportunidad de conocer cuál es el secreto para mantenerse unidos por tanto tiempo. Así que le pregunté primero a don Patricio cómo le había hecho. A lo que me respondió: *"Paciencia y mucho amor."*

Entonces, le pregunté a doña Magdalena ¿cuál era el secreto? Su respuesta me sorprendió muchísimo más, y la llevaré por siempre en mi corazón.

—Mire, Doctor –dijo. Cada día en mi oración de la mañana yo le pido a Dios sabiduría, y me pregunto: "¿De qué manera puedo hacer feliz hoy a Patito? ¿Qué puedo hacer para sorprender hoy a mi Patito? Una comida que le guste, algo que desee, un detalle, una llamada, un obsequio. Siempre lo sorprendo con algo."

Me guardaré por siempre este aprendizaje de vida, para darle vida a mis relaciones. ¡Qué manera de hacerme entender que el amor es dar y no sólo recibir!

La segunda etapa que la profesora Cindy Hazan ha clasificado es la del amor maduro. En esta etapa las hormonas y las sustancias químicas llegan a sus niveles normales. Es cuando conocemos más a la pareja y sabemos "de qué pata cojea". Sabemos la forma en que reacciona ante el fracaso y la manera como controla las emociones. Identificamos sus defectos y sus malos momentos. Es precisamente en esta etapa cuando las parejas pueden entrar en crisis, por causa de la confusión o las decepciones que pueden ocasionarse. No falta que uno de los dos piense y exprese por causa de su desánimo: *"Ya no siento lo mismo", "El amor acaba", "Me caí de la nube en que andaba", "Volví a la realidad", "La(o) idealicé demasiado".*

La confusión es tal, que puede conducirnos entonces a tratar de buscar al "verdadero amor". Estoy seguro de que ese desconcierto es la causa de tantas separaciones. El amor no sólo es un sentimiento, el amor es una decisión. Al respecto, recuerdo una historia que leí hace algunos años:

Un esposo fue a visitar a un sabio consejero y le confesó que ya no quería a su esposa, que pensaba separarse. El sabio lo escuchó, lo miró a los ojos y solamente le dijo una palabra: "Ámela." Luego permaneció callado. "Pero es que ya no siento nada por ella", insistió el hombre. "Ámela", repuso el sabio. Y ante el desconcierto de aquel esposo, después de un oportuno silencio, agregó: "Amar es una decisión, no un sentimiento. Amar es dedicación y entrega. Amar es un verbo y el fruto de esa acción es el amor."

¡Decido amarte! ¡Necesito amarte! Cuando tomamos esa decisión, nos convertimos en personas más prudentes y dispuestas a dar el amor que queremos recibir. El amor no es una decisión por sí sola. El amor contiene emociones y depende de nosotros sentirlas o no.

Los hindúes aseguran que jamás llegamos a conocer totalmente a nuestra pareja, por lo que, con ingenio, podríamos evitar la rutina y ver el lado positivo de tratar de conocerla cada vez más.

Buscar en nuestra pareja amistad, sinceridad, integridad, calidez, simpatía, valor, ternura, inteligencia, intereses comunes y compañerismo, es fundamental para desarrollar la intimidad, señalan los expertos en inteligencia emocional.

No olvides que el amor se atrae. Por eso te sugiero que evites al máximo la rutina, porque eso ahoga la relación de pareja. Revitaliza tu relación constantemente. Procura ser más expresivo en la palabra y en la acción. Recuerda que, con el paso del tiempo, lo que más valorarás serán los momentos que compartiste con quien hizo que te sintieras amada o amado, con quien recibió tu amor o tu amistad. No esperes un día especial en el calendario para expresar ese grato sentimiento. Hazlo en todos los días de tu vida.

El matrimonio es maravilloso cuando no perdemos de vista que somos dos seres que debemos ir en una misma dirección, cuando se procura el crecimiento y la felicidad de la persona con quien decidimos compartir la vida, cuando el amor se cultiva de forma continua y se agregan dosis de humildad y adaptación. El camino siempre será más fácil y llevadero si tenemos con quien compartir nuestro ser.

Hace tiempo leí algo que me ha servido siempre: "Estamos inscritos en una escuela informal de tiempo completo llamada vida. En esta escuela cada día tendrás oportunidades de aprender lecciones. Éstas podrán gustarte o pensar que son intrascendentes, pero, al final, se convierten en lecciones."

El crecimiento es un proceso de ensayo y error. Saber perdonar, tolerar y comprender es algo necesario y fundamental. Deseo que la felicidad esté siempre al alcance de tu mano y que el matrimonio sea otra forma más para que esa felicidad se acreciente y te haga vivir con plenitud. Mis recomendaciones para eliminar el fantasma de la rutina en la relación de pareja son:

1. *Una conversación interesante:* siempre espantará al fantasma de la rutina. No caigas en la trampa de las respuestas cortas e insípidas. Aunque el cansancio esté presente, procura compartir tus vivencias con quienes amas. Una técnica infalible es compartir lo que más te gustó del día. *¿Cuál fue el momento más significativo y digno de compartirse?* Siempre te ayudará a evitar la rutina.

Te recuerdo que existe gran diferencia entre ser serio a ser mustio. Un serio puede tener una conversación corta pero amena. Puede ser capaz de contar anécdotas o chistes que generalmente causan más gracia que si fueran contados por alguien más. Una persona seria puede hablar menos, pero con sentimiento y eso se agradece siempre. La palabra mustio está inspirada en la planta o árbol que ha perdido su frescor, su tersura o que está marchito. Un mustio considera intrascendente lo que se platica y, por lo tanto, el aburrimiento y el hastío estarán presentes en su vida.

2. *Leer*. De entre los múltiples beneficios que tiene leer, esta actividad ayuda a "soltar la lengua". Quien lee difícilmente se queda con lo que aprendió o conoció. Procura compartirlo por el placer que causa expresar lo que sientes o lo que vives a través de los libros.

3. *El conocimiento da seguridad*. Una persona que lee incrementa su vocabulario y sus conocimientos, por lo tanto, expresa con mayor facilidad lo que ve, escucha y siente.

Mi aventura como escritor se la debo a una joven de 16 años. La verdad nunca me imaginé que escribiría cuatro libros hasta el momento. Espero que sean más. Por mucho tiempo grababa mis conferencias y las reproducía en CD's para su venta. Un día me encontraba firmando CD's al finalizar una de mis conferencias. Se me acercó esta joven y me dijo: "Doctor Lozano, ¿y su libro para cuándo?" "No, yo no escribo libros", contesté. Y ella exclamó un sonido más o menos así: "Mmmmm." Yo volteé hacia donde se encontraba y, con cara de molestia, le pregunté: "Mmmm ¿qué?" "No, doctor César, no se moleste", me dijo, "pero siendo usted una persona pública a quien muchos jóvenes seguimos, sería muy bueno que difundiera el hábito de leer". Y luego agregó: "Como usted probablemente sabe, México es un país con una tasa de lectores sumamente baja, y qué gusto me daría que usted promoviera también la lectura." Ese mismo día decidí escribir mi primer libro cuyo título es ¡Despierta!... que la vida sigue. Reconozco que fue precisamente esa estudiante quien más me motivó a iniciar con esta faceta que me ha dado tantas satisfacciones.

4. En liderazgo conocí una frase que dice: "El que pregunta, dirige." ¿Tú preguntas?, tú diriges la conversación. Se evita la rutina cuando se hacen preguntas que invitan al diálogo. Nada agrada más a quien amamos que interesarnos por él o ella.

5. *Tener proyectos de pareja* siempre espantará al fantasma de la rutina. Planear un viaje, una compra, un negocio o una celebración es fundamental. Tener algo por que soñar o algo que esperar siempre une y espanta al aburrimiento. La emoción de un viaje inicia desde que se planea. Cuando se platica lo que se desea hacer, provoca que empiece la emoción, la cual muchas veces es aún mayor a lo que se está viviendo. Esto es debido principalmente a la imaginación.

Siempre que existan sueños por cumplir, proyectos por lograr, momentos para celebrar, evitarás que la rutina se haga presente en tu relación.

6. *Implementa cambios de escenarios.* Ya sea que estés casado o soltero, es bueno cambiar las fotos, modificar el lugar que comparten, agregar aromas que anclen nuevos momentos, musicalizar instantes.

Si eres de las personas que durante años no ha cambiado de look, es buen momento para considerarlo. ¿Se quebraron tus lentes de toda la vida? ¿Qué hace la gente inspirada en el fantasma de la rutina? ¡Busca un armazón exactamente igual al anterior! El corte de cabello igual, el peinado igual. La ropa siempre del mismo estilo, el mismo corte, los mismos colores... Bueno, las tallas sí han cambiado...

La casa la voy a pintar, y ¿adivina qué? ¡La pinto del mismo color, porque siempre ha sido así!

Hay días en los cuales disfruto espantar al fantasma de la rutina acudiendo a lugares donde el aburrimiento difícilmente se da. Por ejemplo: pregunto en las ferreterías para qué sirve cada cosa. Me paso horas viendo la gran variedad de objetos raros que jamás me imaginaría que existieran y mucho menos para qué sirven.

Me apasiona quitar la rutina de mi vida; entro a las tiendas de electrónica y veo aparatos que no tengo y que no necesito, pero me entretiene muchísimo conocer de su existencia. No me amargo el momento pensando si lo compraría o no. Sólo disfruto por el placer de ver y preguntar, con el fin de espantar la rutina.

Caminar por los centros de las ciudades que visito, entrar a los mercados donde están las verdaderas tradiciones de cada lugar. Sentarme en el exterior de un café en alguna calle transitada y, simplemente, observar las costumbres, la vestimenta, las modas y demás. ¡Hay cada espécimen digno de verse, admirarse, asombrarse o espantarse! Te aseguro que con sólo estar unos minutos mirando espantarás al fantasma de la rutina.

7. *Aplica la regla 3-3-3. Tres abrazos, tres cumplidos y tres motivos diariamente.*

Tres abrazos. Por mucho tiempo he creído que los abrazos curan. He procurado difundir esta idea en cualquier oportunidad que tengo y expongo, inclusive, la posibilidad de otorgar diez abrazos al día, lo que para mí sería ideal. Hay quienes me han dicho que sí es posible, algunos dicen que es difícil, y más para quienes batallan para expresar su afecto o tienen un temperamento especial, lo cual siempre es saludable respetar.

No creo que tres abrazos sea una dificultad, mucho menos un reto imposible de alcanzar. La sensación que provoca un abrazo dado no sólo con los brazos sino con el corazón es enorme. Entre los múltiples beneficios está el aumento de endorfinas, la disminución del estrés y el fortalecimiento de vínculos.

Tres cumplidos. Por supuesto que hay quienes damos más de tres abrazos. ¿Es mucho pedir hacerlo? ¿Es mucha dificultad felicitar a quien hace su mejor esfuerzo? ¿Será mucha incomodidad decirle a la gente lo bien que se ve, lo agradable que la pasé?

Todos necesitamos sabernos queridos y, sobre todo, que nuestros actos, palabras o decisiones sean del agrado de quienes nos rodean. Esto, en mayor o menor medida, sucede dependiendo del carácter, de la historia de vida o de la gente que nos rodea. ¿Por qué no lo hacemos? A continuación te comparto algunas razones que he detectado más repetitivas:

1. Por esa costumbre que ciertas personas tienen de creer que la gente debe de hacer las cosas bien porque es su obligación: *Porque para eso le pagan, porque así debe de ser, no tengo por qué felicitarlo si lo que hace lo tiene que hacer por obligación.* Claro que ésta no es una idea errada, aunque considero que con tanta falta de amor que existe en la actualidad, *pensar y actuar así, nos limita a poder aprovechar la posibilidad de expresar afecto.* Por ello es necesario reconocer cuando alguien realmente lo necesita.

2. *Por costumbre o cultura familiar.* Tendemos a imitar hábitos. Si en nuestra niñez nunca se dieron muestras de reconocimiento y afecto, difícilmente las practicaremos en nuestra etapa adulta. Sin caer en la tentación de juzgar a nuestros padres, acepta que es importante dirigir, guiar, educar, corregir, pero siempre aderezando estas acciones con mucho amor y reconocimiento.

   Esta misma imitación o costumbre se puede percibir en quienes se casan con alguien que no acostumbra el reconocimiento como estilo de vida. *Las mañas se pegan* y, tristemente, he sido testigo de hombres y mujeres que prácticamente se *apagan* al compartir sus vidas con gente arisca. Antes de su matrimonio eran alegres y reconocían hasta el mínimo detalle en los demás; después de casarse, adoptan posturas similares a la pareja.

3. *Quienes han tenido una historia personal difícil.* Pueden tomar el rol de víctimas y, al paso del tiempo, sentir cierta envidia o frustración por el éxito de los demás. Creen que la vida ha sido muy injusta con ellos y tienden a criticar los éxitos y las alegrías de quienes los rodean.

Una amiga me compartió su historia. Por mucho tiempo había sido una mujer estudiosa y emprendedora. La cultura del trabajo y la superación siempre había estado presente en su vida. Formaba parte de una familia integrada por cinco hermanos más. Ella se casó con un hombre visionario y con gran ambición por lo lograr lo que se propone. Al paso del tiempo, amasaron una gran fortuna fruto del esfuerzo. En cambio, la situación de sus hermanos era muy diferente. Frecuentemente tenían deudas por comprar más de lo que podían gastar y llevaban una relación familiar sumamente conflictiva entre sus esposas o esposos y sus hijos. Con frecuencia criticaban y cuestionaban a su hermana de todo y por todo.

Cuando existía una crisis por enfermedad de los padres, los hermanos prácticamente le exigían que ella era debía solventar los gastos por su próspera situación económica. Asimismo, acudían a ella cuando necesitaban dinero, que difícilmente regresaban, e inclusive la hacían sentir mal si así era.

Por supuesto que esto sucede *hasta en las mejores familias*. La historia personal difícil puede evitar elogiar los éxitos de quienes se han esforzado mucho por lograr lo que han deseado, a pesar de que sean miembros de su propia familia.

¿Envidia? ¿Celos? ¿Frustración personal? Cada caso es diferente y cada cabeza es un mundo.

Una vez, una señora fue a visitar a un médico amigo mío:

—Me quiero divorciar de mi marido –fue la queja de la angustiada mujer.

—¿Por qué? –preguntó el médico.

—Porque tiene otra.

—Si usted se divorcia, le hace un favor, pues eso es lo que el quiere –refirió el médico.

—¿Qué puedo hacer?

—Enamórelo primero y luego se divorcia –aconsejó el médico.

—¿Cómo lo puedo hacer?

—Hágale tres elogios por día. ¿Viste bien? ¿Tiene buena presencia? ¿Es cumplidor? –dígaselo.

La mujer se propuso hacerlo y, al cabo de unos meses, encontró a su médico quien de inmediato le preguntó por su esposo.

—¡Lo logré! Está profundamente enamorado de mí.

—Entonces, ahora, déjelo –dijo el médico.

—No. Ahora no, porque yo también estoy enamorada de él.

Tres motivos diariamente. Entre todas las técnicas que he recomendado en mis libros anteriores para tener una actitud positiva en momentos de adversidad, recomiendo buscar cada día tres motivos nuevos o diferentes que deberían alegrarme.

Qué hay de nuevo hoy?

¿A quién voy a ver hoy?

¿A quién puedo hablarle hoy?

¿Qué comida diferente puedo probar hoy?

¿Qué acción podría quitarle la aparente rutina a un día como hoy?

Hay acciones que cambian la perspectiva en cualquier persona, sobre todo por la posibilidad que nos da para vivir intensamente cada día. No permitas que todos los días sean iguales, porque sentirás el hastío y el aburrimiento. No dejes que el fantasma de la rutina haga de las suyas y te envuelva en su parsimonia.

¡Dale vida a tu vida preguntándote qué hay de nuevo y diferente hoy! Si no hay nada nuevo y diferente, programa o inventa algo que le dé sentido y haga diferente el día de hoy.

El mensaje es claro: modifica tus movimientos y rutinas. Cambia de hábitos y costumbres. Evita utilizar frases que te acercan al fantasma de la rutina: *"¿Si siempre lo he hecho igual, para qué cambio?", "Si no ha fallado así, mejor ni le muevo." "¿Si así hemos estado bien, haciendo siempre lo mismo, para qué hacemos algo diferente?", "Así soy y siempre he sido… no me quieras cambiar." ¿Cambiar? ¡Para qué cambiar! Si así estoy bien."*

Analiza qué actividades disfrutabas mucho y sigues haciendo, pero que, conforme ha pasado el tiempo, han perdido encanto. No lo dejes de hacer, sólo modifica la forma o los detalles, y verás que tendré recobrará su encanto.

El placer de vivir se hace presente cuando incluyes en tu vida diaria lo nuevo, lo diferente. El factor sorpresa hace que el espectáculo llamado vida tome otros matices que le dan significado. No dejes que la rutina se apodere de tus acciones. Cambia, mueve, ilumina, agrega, platica, pero no dejes que el aburrimiento acabe con la esencia de tu existir. Decide hacer cambios que le den sentido a tu vida.

No tienes por qué tomar siempre café a la misma hora ni con la misma taza. No tienes por qué sentarte en el mismo lugar a la hora de comer ni mucho menos ver el mismo canal y escuchar la misma estación. *¡Atrévete a cambiar!*

Walt Whitman compartió esa magnífica reflexión titulada "Los poetas vivos", que dice:

"No dejes que termine el día sin haber crecido un poco, sin haber sido feliz, sin haber aumentado tus sueños. No te dejes vencer por el desaliento. No permitas que nadie te quite el derecho a expresarte, que es casi un deber. No abandones las ansias de hacer de tu vida algo extraordinario. No dejes de creer que las palabras y las poesías sí pueden cambiar el mundo.

Pase lo que pase nuestra esencia está intacta.

Somos seres llenos de pasión.

La vida es desierto y oasis. Nos derriba, nos lastima, nos enseña, nos convierte en protagonistas de nuestra propia historia. Aunque el viento sople en contra, la poderosa obra continúa: tú puedes aportar una estrofa.

No dejes nunca de soñar, porque en sueños es libre el hombre.

No caigas en el peor de los errores: el silencio.

La mayoría vive en un silencio espantoso.

No te resignes. Huye.

"Emito mis alaridos por los techos de este mundo", dice el poeta.

Valora la belleza de las cosas simples.

Se puede hacer bella poesía sobre pequeñas cosas, pero no podemos remar en contra de nosotros mismos. Eso transforma la vida en un infierno.

Disfruta del pánico que te provoca tener la vida por delante.

Vívela intensamente, sin mediocridad.

Piensa que en ti está el futuro y encara la tarea con orgullo y sin miedo.

Aprende de quienes puedan enseñarte.

Las experiencias de quienes nos precedieron, de nuestros "poetas muertos", te ayudan a caminar por la vida. La sociedad de hoy somos nosotros: los "poetas vivos".

La gente inteligente y además soberbia es la presa más fácil del *fantasma* de la *rutina*. Comúnmente, los inteligentes soberbios no aceptan sugerencias sólo porque no lo necesitan. Según ellos, "siempre hacen las cosas bien", porque han estudiado mucho para hacerlo así.

Estaban un astronauta y un neurocirujano muy reconocidos discutiendo sobre la existencia de Dios.

El astronauta dijo: "Tengo una firme convicción: no creo en Dios. He ido al espacio varias veces y nunca he visto ni siquiera un ángel".

El neurocirujano se sorprendió por semejante aseveración, pero disimuló.

Luego de pensar unos instantes, comentó: "Bueno, yo he operado muchos cerebros y nunca he visto un pensamiento".

La rutina unida al miedo puede ser una de las razones por las cuales no queremos cambiar. El cambio siempre será favorable para quienes tienen esperanza.

Una de las reflexiones que más me gustan del gran escritor brasileño Paulo Coelho se llama *cerrando círculos*, la cual dice:

Siempre es preciso saber cuándo se acaba una etapa de la vida. Cuando insistimos en alargar más de lo necesario, se pierde el sentido de las otras etapas que tenemos que vivir.

Poner fin a un ciclo, cerrar puertas, concluir capítulos, no importa el nombre que le demos. Lo importante es dejar en el pasado los momentos de la vida que ya terminaron, me han despedido del trabajo, ha terminado una relación, me he ido de la casa de mis padres, me he ido a vivir a otro país, esa amistad que tanto cultive ha desaparecido sin más.

Puedes pasar mucho tiempo preguntándote por qué ha sucedido algo así, puedes decirte a ti mismo que no darás un paso más hasta no entender el motivo.

Pero una actitud así supondrá un desgaste inmenso para todos, para tu país, para tu cónyuge, tus amigos, tus hijos, tu hermano, todos ellos estarán cerrando ciclos, pasando páginas, mirando hacia adelante y todos sufrirán al verte ahí paralizado.

Nadie puede estar al mismo tiempo en el presente y el pasado, ni siquiera al intentar entender lo sucedido, el pasado, el pasado no volverá, no podemos ser eternamente niños, adolescentes tardíos, hijos con sentimientos de culpa o rencor hacia sus padres, amantes que reviven día y noche su relación con una persona que se fue para nunca más volver.

Todo pasa y lo mejor que podemos hacer es no volver a ello, por eso es tan importante, por muy doloroso que sea, destruir recuerdos, cambiar de casa, donar cosas a los orfanatos, vender o dar nuestros libros. Todo en este mundo visible es una manifestación del mundo invisible, de lo que sucede en nuestro corazón.

Deshacerse de ciertos recuerdos significa también dejar libre un espacio para que otras cosas ocupen su lugar, dejar para siempre, soltar, desprenderse, nadie en esta vida juega con las cartas marcadas, por ello una vez ganamos y otras perdemos.

No esperes que te devuelvan lo que has dado, no esperes que reconozcan tu esfuerzo, que descubran tu genio, que enciendan tu amor, deja de encender tu televisión emocional y ver siempre el mismo programa en el que se muestra cuánto has sufrido por determinada pérdida.

Eso no hace más que envenenarte, nada hay más peligroso que las rupturas amorosas que no aceptamos, las promesas de empleo que no tienen fecha de inicio, las decisiones siempre pospuestas para el momento ideal. Antes de empezar un nuevo capítulo, hay que terminar el anterior.

Puede parecer obvio, puede ser difícil pero es muy importante cerrar ciclos, no por orgullo ni por incapacidad, ni por soberbia, sino porque simple y sencillamente aquello ya no encaja en tu vida.

Cierra la puerta, cambia de disco, limpia la casa, sacúdete el polvo, deja de ser quien eras y transfórmate en lo que eres.

La madre Teresa escribió lo siguiente:

Mientras estés vivo, siéntete vivo.
Si extrañas lo que hacías, vuelve a hacerlo.
No vivas de fotos amarillas.
Sigue, sigue aunque todos esperen que abandones.
No dejes que se oxide el hierro que hay en ti.
Haz que, en vez de lástima, te tengan respeto.
Cuando por los años no puedas correr, trota.
Cuando no puedas trotar, camina.
Cuando no puedas caminar, usa el bastón.
Pero nunca, ¡nunca te detengas!

La ira como fuente de infelicidad

La ira o el coraje es una emoción caracterizada por fuertes sentimientos de desagrado desencadenados por males reales o imaginarios. Es muy común ver gente enojada por todas partes y las razones sobran: el tráfico, el estrés, la gente, incluyendo con quienes vive o trabajan. Agrega a esto la falta de dinero para cubrir todas las necesidades, el clima, la hormona, y la lista podría continuar. No hay que olvidar que también podemos estar enojados con nosotros mismos, por la manera en que actuamos o no actuamos, por lo que dijimos o no dijimos. Enojados con la vida misma por no haber obtenido lo que creemos merecer.

Es necesario reconocer que hay quienes hacen del enojo un estilo de vida, y olvidan que el enojo es un impulso reactivo que pueden controlar. Ojalá mucha gente supiera que el enojo puede dominarse, si así se desea. Así no le hubiera costado el trabajo a uno de mis mejores amigos que, en un momento de locura por la ira desbordada, expresó palabras que le costaron su trabajo de veinte años en una importante compañía.

Ojalá también lo hubiera sabido mi amiga Sandra, quien, en su momento de locura por el enojo, le pidió a su novio que no le volviera a hablar nunca más.

—¡Olvídate de mí! ¡Olvida que existo! –le dijo–. ¡No vuelvas a buscarme! ¡No me llames, no me ruegues que regrese contigo porque no lo haré!

El novio, muy obediente por cierto, no volvió a llamarle. Sandra, muy esperanzada, esperó esa llamada por más de dos años; nunca llegó.

El común denominador de todo momento tenso en general es el enojo, por eso se considera una emoción difícil de controlar. Por naturaleza, desde niños entendemos que una forma muy práctica de obtener lo que deseamos es enojarnos. Cuando un bebé no es atendido, lo primero que hace es gritar y llorar para que lo atiendan. Hay que reconocer que se trata de una etapa del desarrollo, pero muchos se estancan ahí y crecen con la convicción de que las cosas se obtienen gritando y enojándose.

Difícilmente recordaremos cuando hacíamos berrinches para obtener lo que deseábamos. Dentro de toda la gama de posibilidades que existen, quiero enfatizar los tipos de enojos más frecuentes:

ENOJO CONTIGO MISMO

Este se manifiesta porque no eres como desearías o por que no obtienes lo que deseas. Ese enojo contra tu persona puede ocasionar enfermedades y baja autoestima, y además impide tu felicidad.

En el colegio en el que estudié mi primara y secundaria, había un compañero que nunca se aceptaba como era. Con frecuencia se agredía a sí mismo con frases hirientes relacionadas con su físico. Hacía bromas sobre su persona por lo obeso y la poca estatura que tenía. Al paso del tiempo, lo encontré y me confesó el trauma que, durante mucho tiempo, cargó por esa misma razón. A través de una pantalla de bromas hacia sí mismo, se rechazaba constantemente por ser como era. Ahora él es un terapeuta de renombre. En una de sus ponencias expresó que está convencido de que ese auto-rechazo en su juventud pudo haber sido la causa de muchos problemas físicos que presentó posteriormente.

El enojo por no ser blanco, moreno, alto, delgado, inteligente, capaz, puede ocasionar problemas graves de autoestima los cuales se reflejan en tu manera de ser y relacionarte.

ENOJÓ CON EL MUNDO EXTERIOR

Puedes enojarte con toda la gente, con el clima, la economía, el gobierno, las moscas y todo lo adicional del mundo exterior que se te ocurra. Hay circunstancias que dependen de mí y otras que no. Ésa es la base del sufrimiento. Empezamos a sufrir cuando la razón impide aceptar una realidad.

Nos molesta que la gente no sea como deseamos, que no reaccione con la misma agilidad como lo hacemos, que no sea como deseamos, y por eso sufrimos. La inteligencia y la astucia son los ingredientes necesarios para sobrellevar este tipo de adversidad. He escrito sobre este tema en mis libros anteriores, y estoy convencido de que *la gente es como es y punto*. Mi desgaste de energía fue enorme cuando quise cambiar a mucha gente a mi alrededor, finalmente, el que más sufrió fui yo y los demás ni se inmutaron.

Querer influir en la gente que nos rodea es natural, sobre todo en quienes creemos que hacemos lo correcto y los demás no. Sin embargo, es saludable recordar que hay quienes no cambian. Hay personas que tienen la firme convicción de que su estilo de vida es el correcto y nada ni nadie los debe de cambiar. Aunque los cánones de la sociedad marquen lo contrario o las normas de buenos modales digan que lo correcto es otra cosa, ellos siempre pensarán lo contrario. Tener la inteligencia para detectar a este tipo de personas te ayudará ser más feliz.

Hay un proverbio chino que dice: *"Es mejor ponerte sandalias, que querer alfombrar al mundo entero"*. La gente es como es y punto.

En el momento en que estoy escribiendo esto, voy en un vuelo de mi ciudad a la capital. Una persona que va muy cerca de mí está comiendo de una manera asquerosa. Mastica con la boca abierta y el sonido que produce es similar al que hacen los lagartos o, peor aún, los dragones de Komodo cuando comen. Ni siquiera pondría como comparación a los perros, porque mi perra come de una forma más sutil, educada y mucho menos ruidosa.

¿Cómo concentrarme en escribir con semejante espécimen a mi lado? Precisamente, pensando en que no puedo cambiar a todo el mundo y no soy nadie para redimir a todos en los hábitos del buen comer y las buenas costumbres. Utilizo mi inteligencia para recordarme, una vez más, que la gente tiene un pasado que los hace ser de determinada manera. Que la educación que recibieron los que me rodean no es ni será siempre la misma. Y con la astucia que los años me han dado, cargo con unos tapones de oídos para casos como éste, porque además me molestan quienes, en los vuelos, platican como si estuvieran solos, importándoles un comino aquellos que desean dormir o trabajar durante el trayecto.

Por cierto, esos tapones me han ayudado enormemente a dormir en hoteles ruidosos. Y por otra parte, ¿qué culpa tiene la gente de mis obsesiones?

ENOJO POR COMPARACIÓN

Recuerdo perfectamente que a la edad de 5 o 6 años mi papá me dijo: "¡Aprende de tu hermano Jorge! Él sí es ordenado. ¡Tú rompes los juguetes el mismo día que te los compramos! Y tu ropa no la cuidas. Él tiene todo ordenadito y, tú, mira, todo por ningún lado."

Cuando me pregunto en qué momento nace la envidia en un ser humano, estoy seguro de que es precisamente en momentos como éste. En el momento en que nos comparan. En el que te hacen sentir (sin querer) menos que otro, porque el otro es más inteligente, ordenado, limpio, estudioso, canta mejor, lee más rápido, es más bueno, mejor portado y muchos adjetivos más.

Ese momento en el que me compararon con mi hermano es uno de los momentos de mayor enojo que recuerdo de mi infancia, y que, por cierto, ya lo superé (creo). Constituye una de las razones por las cuales en la etapa adulta puedes enojarte una y otra vez contra ti mismo, pues caes en la trampa de creer que no eres como *"deberías de ser"*, y vas en contra los demás por no ser aceptado como quisieras.

Por cierto, hay profesores que nunca se olvidan, por buenos o por malos, pero siempre se recuerdan. Mi maestra Martha es precisamente una maestra inolvidable, digamos que no por buena (ni académicamente y mucho menos físicamente). En el quinto año de primaria, nos pidió que nos aprendiéramos una declamación. Probablemente no lo creas, pero mi timidez era extrema. Mi miedo a pasar al frente del grupo y hablar era enorme y el reto de declamar era aún mayor.

La noche anterior a la clase, me aprendí la declamación más pequeña que había en el libro. Temblaba al imaginar que amaneciera, porque era el día en que teníamos que pasar al frente a ser evaluados en dicho arte.

Cuando pasó el primero de mis compañeros, nos quedamos impactados por la excelente forma de declamar. Sin embargo, Martha dijo: "Más o menos, Juan. Lo hiciste regular."

Martha era de las profesoras que siempre afirman que todos podemos dar más, y como esa era su consigna, nunca decía que lo que hacías estaba bien hecho. Su frase era: *"Más o menos, puedes hacerlo mejor."* Cuando pasaron mis compañeros, mi impacto iba en aumento porque para mí ¡todos declamaban excelentemente bien! Sin embargo, ella a todos les decía: *"Regular. Puedes hacerlo mejor."*

Entonces, llego mi turno. La sequedad de mi boca me delataba, mis movimientos al frente del grupo eran lentos y torpes. Mi temblor iba en aumento y Martha, con sus lentes a media nariz, me decía: "¡Empieza niño! ¡No tengo tu tiempo!"

Me miraba fijamente, como una leona acechando a su inocente presa, o sea, yo. ¡No podía articular palabra! Por más que intentaba me entró un *lapsus brutus* que me impedía recordar cómo iniciaba la pequeña declamación que me aprendí.

La mujer se me quedó viendo y me dijo: "¡A tu lugar!" Luego se me acercó lentamente viéndome a los ojos, se agachó hacia mi oído y me dijo: "Cesarito, cuando crezcas, dedícate a lo que sea, menos a hablar en público. ¡Aprende de tus compañeros! ¡Ellos sí pueden y sí saben!"

¡Qué terribles son las comparaciones! ¡Odiosas son las comparaciones, y más entre niños! Por mucho tiempo no recordé por qué ese temor de hablar en público me acompañó por tanto tiempo. No entendía por qué en mi carrera de médico batallaba tanto para presentar un caso clínico a mis compañeros y mentores. Por supuesto que en algo influyó la *inolvidable* profesora, para que se grabara en mi mente este condicionamiento.

Tiempo después, tuve la gran fortuna de recordar el incidente y trabajarlo en un seminario de desarrollo humano. Cambié la posible ofensa y la convertí en un reto que trabajé arduamente.

¿Sabrá la maestra Martha a lo que me dedico? Decidí tomar su *"sugerencia"* como un desafío, situación que, tú sabes, no todos hacen.

Las comparaciones hacen daño y más cuando se trata de poner en duda los talentos y habilidades que creemos tener.

ENOJO POR SUPOSICIÓN

Siempre creí que la ira era una emoción que tiene que ser canalizada, exteriorizada. Sin embargo, conforme ha pasado el tiempo, me he dado cuenta de que no. Que es natural enojarse, pero la forma en lo que lo hacemos es lo que complica las situaciones y la autoestima. La inteligencia emocional consiste en no dar rienda suelta a esa emoción por cualquier situación que, al paso del tiempo, no tendrá ninguna importancia ni trascendencia.

Entre más practicas algo más lo perfeccionas. Este pensamiento en forma repetitiva nos destruye poco a poco. Si por alguna razón estamos enojados, lo ideal es analizar las razones y saber canalizar tal emoción. Hay que tener el firme propósito de evitar dar rienda suelta a todo el veneno que nos invade cuando estamos enojamos y, sobre todo, cuando explotamos.

¿Qué es lo que sucede si todos los días tomas una pesa de cinco kilos y flexionas tu antebrazo con una serie de repeticiones ya establecidas? Obviamente, ese músculo se desarrolla, crece. Así es la ira, entre más la manifestamos más nos acostumbramos a reaccionar así ante todo lo que nos ocurre. Y llega un momento en que actuamos con enojo en forma automática por todo y de todo.

El grave problema de la ira es la forma como la manifestamos. Lo ideal es agregar inteligencia a la emoción. Tener la madurez necesaria para asimilarla y manejarla lo más adecuadamente posible. Pero por desgracia no todos tienen la disposición de cambiar.

Se ha considerado natural el hecho de que nos enojemos, pero la forma como expresamos ese enojo es cuando perdemos credibilidad, y nuestra imagen se deteriora ante la gente con la que laboramos o que más amamos, incluyendo nuestra propia familia.

Te recuerdo que el grado de madurez de una persona se mide precisamente en la adversidad, cuando las cosas no salen como lo esperabas. En ese momento, sale a relucir el verdadero yo de cada quien.

La mayoría de las personas responde de dos maneras cuando se enoja: *reprimiendo o explotando*. Se aprende a reprimir cuando nos dicen que los hombres no debemos llorar, cuando escuchamos frases como: *"¡No me gustan los niños enojones ni llorones!"* Con exhortaciones de esta índole estamos reprimiendo un sentimiento, una emoción, y, tarde que temprano, esa emoción reprimida causará estragos. Para evitar que los niños piensen en algo que les dañó, los padres procuramos que modifiquen en forma inmediata su sentimiento, pidiéndoles o exigiéndoles que no expresen lo que sienten, como si los niños no tuvieran el derecho de sentirse molestos y, por lo tanto, se les refuerza la ira.

Está comprobado que expresar las emociones ayuda a sanar heridas. Cuando las reprimimos y no expresamos lo que sentimos de una manera tranquila, desafortunadamente, se causa un daño tremendo en el organismo, principalmente, en el sistema inmunológico.

La ira se puede expresar también *explotando*. Lo más dramático de esta manifestación es en *dónde* se explota y *con quién*. Decimos y manifestamos nuestro malestar de una forma inadecuada; las manifestaciones pueden ser gritando, rompiendo objetos, haciendo silencios prolongados o diciendo cosas de las que después, en breves minutos, nos arrepentimos.

Es más difícil para un adulto aprender a controlar la ira, pero no es imposible si verdaderamente se desea cambiar. El problema de las distintas formas de expresar ira es que se convierten en hábitos nefastos que nos hacen la vida imposible. Muchas veces encubrimos la ira con otros sentimientos como la tristeza, la desilusión, o la depresión, aunque en realidad sintamos coraje. ¡Estamos muy enojados y no lo aceptamos! Decimos que estamos tristes o decepcionados de alguien, y lo que en realidad tenemos es mucho coraje en contra de esa persona.

Hay ocasiones en que el enojo está totalmente justificado, pero hay otras en las que nomás no. Y nada vale el ridículo que hacemos.

Ahora es buen momento para evaluar si tienes problemas graves con la manifestación de tu ira. Te pido que contestes con sinceridad las siguientes preguntas:

1. *¿Te enojas más de dos veces al día?*

2. *¿Tu enojo dura más de quince minutos?*

3. *¿Manifiestas tu enojo de forma explosiva? ¿Avientas cosas, pateas puertas, gritas?*

4. *¿Generalmente te arrepientes de lo que dices o haces cuando te enojas?*

5. *¿La gente que te rodea te ha mencionado sobre tus arranques de cólera y ha delimitado su distancia contigo?*

Si contestaste a dos o más de estas preguntas en forma afirmativa, tienes graves problemas para manejar tu ira y requieres ayuda con urgencia.

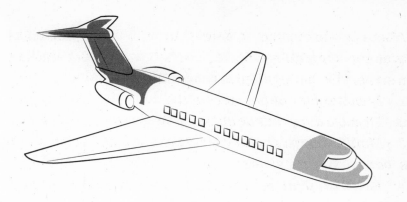

Cuando las situaciones impredecibles nos hacen predecibles

Vamos en nuestro automóvil hacia algún lugar y, según nuestros cálculos, el tiempo es el justo para llegar a nuestro destino; pero, de pronto, encontramos un señalamiento que nos indica que más adelante la calle por la que circulamos se encuentra cerrada. En forma automática, volteamos a ver el reloj como queriendo que el tiempo se detenga. Nos molestamos porque vemos que los minutos avanzan *¡pero yo no!* Tratamos de visualizar en nuestra mente a los culpables que tuvieron la ocurrencia de cerrar el camino, los queremos encontrar para reclamarles su torpeza. Nos sulfuramos contra nosotros mismos porque no contábamos con ese imprevisto. Nos enojamos con el mundo, con el gobierno y hasta con Dios, por esa calamidad que sufrimos. Después de lanzar al viento palabras y palabrotas que en nada beneficiarán la situación, decidimos buscar una ruta alterna, acción que debimos poner en práctica de inmediato.

Parece increíble, pero el patrón de conducta se hace predecible en lo impredecible, porque nos hemos habituado a que así suceda. En forma automática, reaccionamos violentamente cuando se nos presenta un imprevisto que pensamos va a afectarnos. Parece que lo decretamos, porque de forma reiterada expresamos en nuestras conversaciones que nuestra paciencia tiene sus límites muy bien señalados y, por lo tanto, no soportamos que las cosas no sucedan como lo deseamos. Queremos que todo sea predecible.

Cuando planeamos cualquier actividad, deseamos que se desarrolle tal y como la visualizamos. Con esa esperanza nos sentimos felices y damos por hecho que todo sucederá para nuestro bien. Sin embargo, debemos admitir la impredecible esencia del futuro.

Hoy ando muy inspirado, porque en el momento en que escribo estas líneas, me encuentro varado en el aeropuerto de Tucson, Arizona, víctima de la cancelación del vuelo. La molestia que me causó este incidente es natural, pero, una vez más tranquilo, me di cuenta de que nada podía hacer para cambiar la situación. Recordé que en la vida hay situaciones que dependen de mí y otras que no. Mientras escribo, mi asistente está buscando alternativas de vuelo, así que opté por aprovechar el tiempo de esta forma y dejar que las cosas fluyan a su ritmo y en su momento. Cambié mi actitud de enojo por una actitud más asertiva, intentando encontrar un significado. Por lo pronto, ya hallé uno al compartir esta parte del libro contigo.

Anteriormente me enojaba, me enfurecía, y caía en el juego de buscar culpables: "¡¿Quién, sin ningún derecho, hace con mi tiempo y con mi vida lo que le da su regalada gana!?" La verdad, muy pocas veces mis batallas tuvieron éxito, porque mis reacciones agresivas complicaban la búsqueda de soluciones y, peor, el remordimiento que me quedaba por observar la cara de asombro de la gente con la que me desquitaba, al ver que el enojado era el conferencista que sale en la televisión y habla en la radio sobre temas relacionados con la actitud positiva. ¡Qué vergüenza!, decía posteriormente. Pero en forma inmediata empezaba a redimirme diciéndome que tengo derecho a explotar así y poner en su lugar a la gente inepta.

Pasaban unos minutos y me preguntaba si verdaderamente tenía razón en actuar así: "¿Por qué sigo sintiéndome mal en hacerlo?" Obviamente, por la forma en la que reacciono a lo que me pasa.

Nuestra forma de reaccionar ante lo adverso puede solucionar o complicar las cosas. Ablanda o endurece las relaciones. Ilumina u oscurece el panorama. El dolor y las malas experiencias son maestros que nadie deseamos tener. Experiencias similares a las que les cuento me han hecho entender que lo impredecible es parte de mi vida, que todo lo que planeo puede salir como lo imaginé, pero también puede salir mejor o peor. Qué difícil es aceptar una contrariedad, y más difícil es mantener la calma en el momento que nos sucede.

Observar la reacción de quienes han sufrido alguna adversidad en forma inesperada me ha servido para entender lo complejo que somos los seres humanos. La reacción inmediata de la mitad de los afectados es exasperarse ante lo sucedido. Una cuarta parte se muestra indiferente y voltea a ver la reacción de los demás, como intentando imitar los patrones de conducta. La otra cuarta parte se ríe (en forma fingida o real) de la situación, y hasta hace chistes o burla de lo ocurrido.

Lo que me queda claro que és que el hecho en sí no es lo importante, sino cómo reaccionamos. Vale la pena recordar que por lo general la importancia de aquello que nos ocurre disminuye con el paso del tiempo, que estamos diseñados de tal forma que hasta las peores catástrofes tienden a minimizarse porque actúan los siguientes factores:

1. *La imitación*. Cuando observamos que otras personas se enfrentan a sucesos que no eran predecibles y los aceptan, tendemos a imitar sus patrones de conducta porque nos damos cuenta de que no somos los únicos que sufrimos porque nuestros planes se truncan, o los sueños y anhelos se esfuman. Darnos cuenta de ello nos hace sentir menos la pena, el dolor. Cuando tenemos una pena, nada reconforta más que saber que no somos los únicos que lo hemos padecido. Por ningún motivo significa que nos alegremos de ello, sino que saber que alguien más entiende mi adversidad y alguien más logró superarlo o asimilarlo puede ser una esperanza.

2. *La adaptación*. Nuestro cerebro tiene una capacidad increíble para adaptarse a lo bueno y lo malo. A lo bueno porque, por más gusto y felicidad que nos cause recibir una buena noticia, procesa ese sentimiento, pero conforme pasa el tiempo y la euforia disminuye, tendemos a regresar al estado de felicidad que sentíamos antes. Si, por ejemplo, alguien se convierte en padre o madre, o gana un premio, o se cambia a una casa más bonita, o logra adquirir el auto de sus sueños, o se cura de una enfermedad que lo agobiaba, experimenta una gran felicidad que luego digiere, se acostumbra a ella y regresa a su estado "normal" de felicidad. Nuestro cerebro se adapta también a lo malo, a lo desagradable, a lo impredecible que nos sucede. Cons-

tantemente vemos cómo quienes sufren la ausencia para siempre de un ser querido se sumen en ese trance de dolor que puede ser intenso, pero el tiempo, siempre el tiempo, se encarga de cicatrizar las heridas y provee de la resignación necesaria para aceptar aquellas situaciones que nunca esperábamos que sucedieran. Un divorcio o separación puede pasar de la incredulidad, el dolor y la amargura, a la aceptación e incluso al agradecimiento con el paso del tiempo.

3. *La aceptación inmediata a lo impredecible*. Debemos entender que, si perdemos el control ante una situación impredecible, estamos cerrando los ojos para una posible solución. Lo recomendable es guardar la calma, aceptar lo sucedido, buscar rutas alternas, analizar posibles soluciones. Aceptar no consiste en dejar las cosas como están, sino en que sea punto de partida para superar la contrariedad. Aceptemos que siempre habrá situaciones que no podremos cambiar por más que las aderecemos con grandes porciones de furia y desesperación. Lo hecho, hecho está y *a otra cosa, mariposa.*

No siempre se te dará lo que deseas en la forma que tú quieres. Por eso es bueno abrirnos a la posibilidad de encontrar sentido a lo que sucede, aceptarlo, tratar de sacarle provecho. No te resignes solamente, no actúes con ira e irresponsabilidad.

Evitar ser tan predecible en forma negativa ante lo impredecible nos hace eternas víctimas de las circunstancias. Enojarnos y despotricar contra quien sea cuando no logramos nuestros propósitos, provoca que nos acostumbremos a actuar siempre así ante lo complejo y ante lo simple. ¡Qué terrible forma de ser predecible!

Si los resultados de nuestras acciones son predecibles, tengamos en cuenta que siempre podremos elegir nuestras reacciones y que de toda la gama de posibilidades que existen es predecible escoger guardar la calma ante la adversidad. Debemos elegir lo que sí podemos hacer, en vez de irritarnos ante lo que ya no se puede corregir.

Volviendo al episodio de la cancelación del vuelo, entonces pensé y elegí darle un sentido a esa situación, y me puse a escribir en lugar de lamentar, despotricar, hacer corajes y buscar culpables. Entretanto, me informaron que salía en dos horas con escala en otra ciudad, y luego rumbo a casita. Todo fluye mejor cuando se evita la ira como reacción predecible ante lo impredecible.

La indiferencia: un tóxico peligroso que impide el placer de vivir

Por supuesto que los maltratos y las palabras hirientes son muy dolorosos, y más cuando provienen de quien menos lo esperamos. Cuando el maltrato proviene de alguien con quien nos une un lazo de afecto o amor, las palabras hirientes pueden ser sumamente dolorosas. Ahora, imagínate la huella que causa si viene de un padre, una madre o un hijo. Al paso del tiempo, los traumas se hacen presentes.

Sin embargo, considero que la indiferencia es una actitud aún más terrible. Dichos populares lo comprueban: "La voy a matar con el látigo de mi indiferencia", "¿Quieres dañar verdaderamente a alguien? Ignóralo." Por supuesto que para la mayoría de la gente una actitud así es sumamente dañina porque de manera indirecta se envía el mensaje subliminal de poca valía, de que no existes, que sus palabras o su presencia son *nada*. Cuando quieres quitar a alguien de tu vida por una ofensa y sientes coraje u odio, sigues sintiendo algo. Pero si demuestras indiferencia es que no existe para ti, situación que, en muchas personas, suele resultar aún más ofensivo que las palabras llenas de odio. Hay varios tipos de indiferencia:

1. *La indiferencia como carácter*. En una reunión a la que asistí se encontraba una persona que durante la conversación me ignoraba. Cuando yo hablaba sobre algún tema, ella se volteaba para otra parte a ver quién llegaba o quién se iba. Cuando le preguntaba algo directamente, contestaba con respuestas cortas y distantes. Obviamente pinté mi raya y empecé a ignorarla mentalmente. Al rato llegó su esposo, quien era completamente diferente, se mostraba alegre y platicador. Durante la conversación insinuó a los presentes que su esposa era algo tímida y retraída, pero que así la amaba. ¿Algo tímida? ¡Bastante *tullidita*!, pensé.

Olvidé que existen personas poco expresivas o poco afectuosas. Hay quienes son despistados por naturaleza y sus mentes siempre andan en otro lado. No consideran importantes los detalles y las atenciones. Por diversos motivos, no pueden expresar su emoción o cariño hacia la gente. Este tipo de personalidad es común, y quienes somos todo lo contrario lo criticamos duramente, olvidando que *cada persona es como es y punto*. Que cada quien tiene su historia, su pasado, y por ello actúa así.

Resulta difícil entender a las mujeres que conocieron a sus maridos serios, retraídos, distantes, introspectivos, y después de varios años de convivencia quieren cambiarlos. Se quejan amargamente de su sequedad o su indiferencia; y agreden a quienes por naturaleza son así, con frases como: *"No te importa lo que te platico"*, *"Todo te vale"*, *"Estoy segura de que no te importo y nunca te he importado."* Olvidan que ¡así lo conocieron!, que así era. Pobres ilusas, cayeron en la trampa que nuestra mente pone constantemente: *"Cuando me case, cambiará"*. Como se encuentran en la etapa del enamoramiento y tienen altas dosis de hormonas de la felicidad, sienten que si la otra persona es tan seria e indiferente no les afectará después.

Lamentablemente, muchos hombres actuamos al revés. Entre más nos exijan cambiar, menos lo hacemos. En estos casos, los reproches se convierten en un círculo vicioso donde hay una víctima y un verdugo con su indiferencia agobiante. Te recuerdo que esa actitud es parte de su temperamento, pero tendrá otras cualidades que lo hagan digno de tener el amor que le profesas.

2. *La indiferencia como defensa*. Mi abuela Pola acostumbraba ignorar los gritos y reclamos de mi abuelo Luis. Ella solía decir que la mitad de las cosas que pedimos los hombres son *necedades*. ¿Será verdad? Seguro que las mujeres que están leyendo el libro dijeron que sí. Los hombres dijimos ¡por supuesto que no! Pero, pensándolo bien, se me hace que mi abuela no estaba tan equivocada.

Mi abuelo tenía un carácter muy fuerte, era de los típicos machos que a costa de gritos, miradas y reclamos obtenía lo que quería. Claro que, como suele suceder con la mayoría, con el tiempo se ablandó y se hizo más paciente y noble. La edad agria a los malos y mejora a los buenos. Cuando de repente regresaba a su personalidad dominante, me tocó presenciar varias veces esas escenas: mi abuela optaba por ignorar sus desprecios y ofensas. Volteaba hacia donde yo estaba y, aprovechando que mi abuelo no escuchaba bien, decía: "No te asustes Cesarín. Así es tu abuelo, muy necio. No le hagas caso. Al rato se le pasa… y recuerda, ¡que haya un loco y no dos!"

Y era verdad, no que mi abuelo estuviera loco, sino que al rato se le pasaba y andaba como si nada. Ese tipo de indiferencia como mecanismo de defensa puede ser útil e incluso *saludable* si se aplica con personas con las que no tiene caso discutir.

Es preciso que se incluya la cordura en las situaciones difíciles. Recuerda que hay momentos mejores para solucionar los problemas. El peor momento que podemos elegir para tomar decisiones es precisamente cuando se está enojado.

Al respecto, recordé una historia que me compartieron. *Un hombre tenía que tomar una decisión importante. Acudió con un sabio a quien él respetaba y admiraba por su forma inteligente de solucionar los problemas. Le expresó su preocupación sobre decir sí o no a un ofrecimiento.*

El sabio le dijo: "Sube a lo alto de aquella montaña. Al llegar a la cumbre encontrarás una piedra. La tomas y la lanzas con fuerza hacia arriba. Si la piedra cae a tu derecha, haz lo que se te propuso. Si la piedra cae a tu izquierda, la respuesta es no. No lo hagas."

El hombre subió feliz a la montaña con la seguridad de que el sabio le había dado el mejor consejo. Al llegar a la cumbre, se encontró la piedra, tal y como el hombre se lo había dicho. La agarró y la lanzó con fuerza hacia arriba, y de pronto, ¡la piedra le cayó en la cabeza! Con mucha rabia y dolor el hombre bajó de la montaña a buscar al sabio. Entró a su casa abruptamente y le dijo: "¡Me mentiste!" "¿Por qué me dices eso?", preguntó el sabio. "¡Porque la piedra la lancé como me dijiste pero me cayó en la cabeza!" A lo que el sabio le contestó: "¿Y después de que cayó en tu cabeza, a dónde fue a parar, a tu derecha o a tu izquierda?" "Pues no sé", dijo el hombre sobándose todavía del dolor. "No me fijé." "Ah, dijo el sabio. Así son las decisiones. El peor momento para tomarlas es cuando se encuentra uno enojado por el dolor."

Moraleja: nunca tomemos una decisión importante o trascendente cuando estemos enojados.

3. *La indiferencia como castigo.* Ésta es la forma más inmadura de reaccionar: dejar de hablar, no expresar el malestar, dejar que el tiempo y la almohada se conviertan en malos consejeros. Castigar con mi silencio por no saber cómo actuar o por quererte dañar. La técnica del avestruz: enterrar la cabeza en la tierra para no escucharte, no cuestionarte o no involucrarme. Demuestro un desinterés hiriente aún más que las ofensas si evito tomarte en cuenta en las decisiones, más como capricho o berrinche infantil. Me sorprende la gran cantidad de mujeres y hombres que tienen la costumbre de dejar de hablar a sus parejas cuando se enojan. Para muchos, en lugar de ser un castigo, se convierte ¡en un premio! Y a la larga, la distancia emocional se hace enorme.

La indiferencia mata lentamente y destruye las relaciones. Si no es por personalidad, siempre es mejor hablar. Si el enojo está presente, es mejor poner una tregua y pactar hablar en otro momento, mas nunca utilizar el silencio tóxico como alternativa.

Todos necesitamos sentirnos amados, valorados, escuchados. Qué terrible es escuchar frases de autoprotección como: "Ella sabe que la quiero, no tengo que estar diciéndolo a cada momento." "Él sabe que si le pasa algo ahí estaré porque lo quiero, aunque nunca se lo diga."

El silencio indiferente corroe el alma, apaga la pasión y congela los sentimientos basados en el amor.

¡Digo lo que siento!: ¿Honestidad o imprudencia?

Conocí a una persona tan pero tan honesta que cuando le preguntó la esposa que si se veía gorda el contestó que *sí, y mucho*. Pero su honestidad no paró ahí. Un día fue invitado a cenar, le sirvieron su plato y, al ingerir el primer bocado, dejó de comer. La anfitriona con toda amabilidad se acercó y le preguntó si no le gustaba el pollo y contestó que no, que estaba muy desabrido y seco.

Son más las historias que su esposa me contó con un dejo de tristeza y vergüenza: "Él toda la vida ha sido así", me dijo. "Desde que lo conocí no ha dicho una sola mentira, porque para él, la honestidad es básica."

La verdad puede ser dura e incómoda, pero hay quienes por falta de tacto pueden llegar a ocasionar experiencias sumamente incómodas e inolvidables.

Nacemos honestos y sinceros. Aprendemos a mentir, por compromiso, por hábito o por necesidad. En sus primeros años los niños nos sorprenden con las verdades que expresan. Si alguien no les cae bien, inmediatamente lo hacen saber.

Como cuando mi hijito a sus 4 años, al llevarlo al kínder y entregarlo a la profesora gritó: "¡No me gusta quedarme con esta maestra porque huele muy feo papá!" ¡Qué vergüenza! En serio que no encontraba la forma de reaccionar ante lo que acababa de escuchar. La maestra solamente se sonrojó y dijo: "Ah, qué niño tan... curiosito", (la verdad la maestra olía digamos que... raro). Por supuesto que lo regañé por la *verdad* que acababa de decir, por la forma y lugar donde lo dijo. Posteriormente, platiqué con mi esposa y llegamos a la conclusión de que le había llamado la atención por haber dicho la verdad; olvidé que los niños a esa edad no dicen las cosas con malicia ni con intenciones maliciosas como lo hacemos los adultos.

De entrada, parece que decir la verdad es más incómodo y complicado que mentir. Por esa convicción muchos lo hacemos con el fin de ocultar nuestra realidad, nuestros problemas o nuestro sentir en determinado momento. Lo hacemos por evitar malos entendidos o sentimientos encontrados en quienes no queremos herir al decirles sus verdades. *Pero mentir nos complica más la vida.*

Un día vi un reportaje en la televisión donde un experto explicaba que cuando mentimos, sometemos a nuestro cuerpo a un estrés casi imperceptible. Decía que precisamente en eso se basa el trabajo de una máquina detectora de mentiras. El estrés causado por mentir se refleja en un incremento en la sudoración, a veces no visible a simple vista, además de la taquicardia, la tensión muscular y el aumento leve o moderado de la presión arterial.

Lo peor de mentir es el esfuerzo que hacemos para que dicha mentira no se note inventando más y más argumentos que fundamenten lo que no es real. El experto agregó que, cuando mentimos, nuestro cerebro realiza unas complejas operaciones que son innecesarias cuando hablamos con la verdad. El desgaste de energía es enorme.

Sydney Jurard en su libro *La trasparencia de uno mismo* dice que es fundamental que los otros nos conozcan sin mentiras ni dobleces. Según el autor, todos los síntomas neuróticos y gran parte de la depresión son barreras que ponemos para ocultarnos de los demás. Tan pronto como nos volvemos más trasparentes, empezamos a sentirnos mejor.

Siempre se ha dicho que *nadie da la que no tiene*. Generalmente, esta idea se aplica en los conceptos de autoestima, los cuales expresan que, si no te quieres lo suficiente, no podrás querer a los demás. Sin embargo, también lo interpreto en el sentido de la honestidad que tenemos hacia nosotros mismos, quien es honesto consigo mismo, podrá serlo con los demás.

El libro *El poder de la bondad* de Pierro Ferrucci comparte algunos conceptos que pueden clarificar mejor lo anterior:

La gente excéntrica, quienes gustan de exponerse tal y como les dicta su conciencia, ya sea por tatuajes, vestuario o estilo de vida, son considerados así mismos como honestos al ser como quieren ser. No pretenden aparentar lo que no son, y pueden ser duramente criticados por la sociedad al no seguir ciertas normas de conducta previamente establecidas por otros. Pues hay estudios que demuestran que la gente así vive más años y son más felices que la mayoría de los demás. La conclusión del estudio es que ellos no están sometidos al estrés de tener que adaptarse a los demás.

"Si les molesta como soy, pues ni modo", contestó un hombre que está tatuado en más del ochenta por ciento de su cuerpo durante una entrevista que le hice en mi programa de radio. Lleva *piercings* en varias partes de su cuerpo y tiene la lengua partida a la mitad como simulando la lengua de una serpiente: "Soy auténtico. Soy como quiero ser y disfruto mucho mi vida. No hago daño a nadie y me gusta ser excéntrico. Además, disfruto más la vida porque no tengo que fingir quien no soy."

No puedo negar que por mucho tiempo me he dejado guiar por las apariencias, pero también he aprendido que las apariencias engañan. Juzgamos a la gente por su forma de vestir o de expresarse, sin darnos el tiempo de conocerlos. Sus palabras me hicieron constatar que su actitud es honesta. Él decidió ser así, sin tener que fingir un rol que la sociedad le imponga. Me dijo unas palabras que recordaré por siempre: "Pasarse la vida fingiendo ser quien no es, requiere un esfuerzo tremendo."

Concluyo que el concepto de congruencia que he compartido en mis conferencias tiene más peso del que imagino. La congruencia entre lo que digo, pienso y hago, da felicidad.

Ser honestos consigo mismo es un paso fundamental para el bienestar, facilitará el camino para ser honestos con los otros. Formas para decir la verdad sin ofender hay muchas; considero que podemos ser honestos, pero con la consigna de no herir con palabras adicionales. Decir lo que queremos sin entrar en detalles cuando no sea necesario; reconocer, mas no adular, porque en general a quien ensalzamos tarde que temprano se da cuenta de la estrategia.

"¡Qué niña tan bonita!", escuche una vez. Y cuando volteé a ver a la niñita en cuestión, como que de bonita no tenía na-

da. Una madre por más que ame a su hijita sabe cuando no está tan bonita, sin embargo, decirlo podría ser considerado una ofensa.

Otro ejemplo es el de alguien que por querer adular le dice a una mujer de esas que sufren eternamente por bajar de peso que la ve más delgada (y tú lo sabes). Para colmo, esa mujer, de un mes para acá, ha subido cinco kilos y le dicen: "¡Qué delgada te ves…!", por querer hacerla sentir bien. El resultado es exactamente el opuesto.

He puesto en práctica la honestidad con asertividad. Decir *sí* cuando es *sí*. Decir mi opinión sólo si me preguntan, y no exagerar en la belleza o fealdad de las cosas. Es un buen principio ¿no crees? Con lo que sigo batallando es para decir *no* cuando debo de decirlo.

¿Cuántas veces sufrimos por tener que decir *sí*, cuando verdaderamente queremos decir no? Y ahí vas ¡y ni querías ir! "Pero, me dio *cosa* decirle que *no*."

—Mamá, ¿nos cuidas a los niños porque vamos al cine?

—Sí, claro, tráiganmelos. Yo los cuido.

Y la verdad, no tenías ni humor ni ganas de andar cuidando niños. Querías dormir temprano, ver televisión o no hacer nada. Sin embargo, ahí estás, aceptando algo que no deseabas, algo en contra de tu voluntad por la incapacidad de decir un simple, beneficioso y rotundo *no*.

Cuando era niño, participé en dos ocasiones en anuncios para televisión. No por guapo, sino porque mi padre era publicista y se ahorraba el pago de los modelos invitando a sus hijos a participar (me gustaría no haber aclarado esto último y dejar que creas que era por guapo, pero no). El primer comercial que hice fue a los 6 años. Las horas de grabación eran pesadísimas (quienes hayan trabajando en esto saben que es extenuante). Yo ya me quería ir a mi casa. Estaba harto de repetir una y otra vez la misma toma, mi paciencia había llegado a su límite. En eso, la dueña de la casa donde se filmaba el comercial me dijo: "Cesarín, si aguantas una hora más, te daré una sorpresa que te encantará." Obvio que para un niño de esa edad ese aliciente era más que suficiente para aguantar no una, sino dos o tres horas más. Mi concentración se basó en "¿qué sería la sorpresa que me tenía tan linda señora?"

Al finalizar, la mujer cumplió su promesa y me llevó a la cocina de su casa. Puso ante mí un plato con bisquets chorreando de mantequilla. Desde que recuerdo yo odiaba la mantequilla, su olor y aspecto me era insoportable. Entonces, le dije amablemente que no quería, que no me gustaba y que nunca me había gustado la mantequilla. La señora se me quedó viendo con una cara de enojo y tristeza como diciéndome, *te los comes o te los comes*. Desde esa vez odio más la mantequilla. No quiero expresar el efecto que tuvo en mí comer algo que era insoportable y todo por mi incapacidad para decir *"no"*. Con frecuencia, accedía y decía *sí* cuando no quería. De niños, por naturaleza, somos sinceros y viviríamos más felices si creciéramos así. Pero a los adultos nos enseñan a hacer lo que no queremos, a decir lo que no sentimos, a saludar a quien no queremos y a ser quienes no somos.

¿Por qué razón nos enojamos?

Nos enojamos porque alguien nos hace la vida difícil. Porque existe una persona que nos afecta la existencia, de tal modo que no podemos sentir el placer de vivir. Porque nos hemos encargado de darle el papel principal a ese alguien en la película de nuestra vida, y es ¡simplemente un extra!

¿Cómo vivir con felicidad, si esa persona habita en el mismo planeta que yo? ¡No es justo! No voy a ser feliz nunca. ¿Sabes cuándo voy a ser feliz? Cuando la corran, o cuando se vaya, o cuando se case, o cuando se le quiete lo amargada. Sin embargo, sigue o seguirá ahí, complicándote la existencia.

Dejemos de creer que la gente complicada solamente está donde uno labora: está en todas partes. Si hubieras trabajado en otra parte, ahí también la encontrarías. Si te hubieras casado con tu primer novio, también tendrías algún familiar complicado, porque personas difíciles siempre saldrán a tu encuentro. Aparecerán en algún capítulo de tu vida (por no decir en todos), y generalmente son complicados para ti, porque de una forma u otra te han encarado, te han contradicho o han expresado verdades o mentiras sobre ti. Te han hecho sentir mal por situaciones reales o falsas. Pero también tu mente ha puesto lo suyo; por las tremendas suposiciones de las que hablé antes y que, muchas veces, tu mente te hace creer que son realidad.

Las personas pasan la mayor parte del tiempo sintiéndose ofendidas por lo que alguien dijo, o por lo que creen que alguien dijo, o se imaginan que quiso decir. En alguna ocasión leí un artículo que decía: "En las relaciones humanas, nadie te hace nada. Mucho de lo que llamas ofensas o decepciones no lo son, es simplemente que *tus expectativas* hacia esa persona eran sumamente altas. Esas expectativas las creamos con nuestros pensamientos. Desafortunadamente, muchas veces no son reales. Son imaginarias."

Muchos nos quejamos de que nuestra pareja nos ofende con sus acciones, pero son las expectativas tan altas que tenemos en esa persona las que verdaderamente nos hieren. Queremos que piense y actúe de determinada manera con base en lo que nosotros deseamos, o simplemente porque *"yo actuaría así"*. Por lo tanto, nos sentimos agredidos y ofendidos.

Cuánta gente no ha sanado las heridas de su infancia por no haber tenido esos padres que ellos dicen merecer, padres amorosos que necesitaron tener, pero son precisamente esas expectativas tan altas las que hacen sufrir. Si por alguna razón te sientes ofendido, te pido que recuerdes qué es lo que tú esperabas y no se dio, o lo que te ha herido. Recuerda que es imposible obligar a las personas que quiero a que me quieran igual o más. Amamos incondicionalmente y esperamos lo mismo, pero muchas veces el amor no es recíproco. De vez en cuando es recomendable tomar la cápsula de *"ubicatex"* para recordar que no podemos cambiar la realidad. Podré expresar mi sentir, podré esperar consideraciones, pero no podré obligar a que la gente actúe como yo creo que es correcto o necesario.

Te recuerdo de nuevo la mejor definición de sufrimiento: *"Cuando la razón me impide aceptar una realidad."*

LA GENTE AVIENTA AL AIRE AGRAVIOS, NO LOS RECOJAS

Llevo más de veinte años compartiendo mi pensamientos a miles de personas en múltiples conferencias. Con frecuencia, procuro tocar temas que puedan ayudar a disfrutar más la vida y a señalar que la razón más frecuente por la cual la mayoría de la gente no disfruta el placer de vivir es por los agravios que ha recibido; por las ofensas, muchas veces inmerecidas, que le han obsequiado y han aceptado.

Somos buenos para aceptar ofensas y malísimos para aceptar halagos. Se nos facilita más aceptar un agravio que un halago. ¿Será cultural? ¿Será la costumbre que mucha gente tiene de hacer del sufrimiento un estilo de vida? ¿O será que sentimos que no nos merecemos lo bueno y lo mejor?

Mucha gente que nos rodea está cargada de decepciones, amarguras, desprecios, frustraciones y dolor. A veces no pueden con esa carga y tienden a buscar, consciente o inconscientemente, quien les ayude a llevarla. En ocasiones, alguien nos propina una ofensa por cualquier razón, y habrá quien la recibe con los brazos abiertos, como también habrá quienes la rechacen con actitud indiferente.

Cuando alguien te ofende sin razón, te está dando un *"obsequio"*. Tú decides si lo aceptas o no. La actitud que tomes ante este ofrecimiento será la que lo determine. Si alguien te expresa su molestia al rechazarte o catalogarte de inepto, y no lo mereces, por el esfuerzo que estás seguro que has puesto en lo que realizas, tienes el derecho de reservarte la admisión del *"obsequio"*.

Si te enojas, es que recibiste la ofensa. Si simplemente lo rechazas con cierto toque de indiferencia, significa que no es para ti. La clave es precisamente no dejar que el desprecio o la ofensa cambie tu momento. Probablemente, será necesario aplicar alguno de tus dotes histriónicos y "actuar" como si no te molestara, aunque en el fondo estés que te *"carga la fregada"*. Sin embargo, por estrategia, es bueno no reaccionar al *"son que nos toquen"*. Muchas veces es más saludable reaccionar con indiferencia ante quienes tienen un pasado muy difícil o una historia cargada de frustraciones pues buscan con quien compartir su peso.

Cuando alguien te ofende, o te ofrece ese regalito, que tú no quieres, puedes decir mentalmente *"no lo acepto"*. Simple y sencillamente di: *"Ese regalo no es mío"*, y déjalo ahí.

Hace tiempo que llevo utilizando esta técnica y de verdad que me ha ayudado mucho, principalmente para evitar cargar con tanta mugre que me avientan. Me reservo el derecho de admisión ante ciertas ofensas que no merezco. Cargar con las ofensas que otros nos han dirigido es como ir por la vida tomando y cargando cuanta piedra me encuentro.

Gente criticona siempre va a existir. Las críticas son parte de nuestra vida. Habrá quien critica con y sin justificación. No olvides la regla que te mencioné anteriormente: *80-10-10*. Al ochenta por ciento de la gente le agradas, al diez le eres indiferente y al otro diez por ciento no les agradas. Es imposible agradar a todo el mundo. Las críticas se presentarán quieras o no.

En torno a esta idea, quiero compartir la fábula del niño y del anciano que tanto me gusta:

Iban en un burro. El niño iba caminando y el anciano sobre el burro. La gente los veía y decían: ¡Pobre niño! Qué anciano tan desconsiderado.

Al día siguiente, iba el niño en el burro y el anciano caminado. ¡Pobre ancianito!, dijo la gente. El niño éste, con toda la fuerza, y lleva al pobre anciano caminando.

Al siguiente día iban los dos, el niño y el ancianito arriba del burro. ¿Qué dijo la gente criticona? ¡Pobre burro! ¡Ya ni la amuelan los dos!

Vamos por la vida cargando agravios o llenándonos de amargura, ya sea por los recuerdos de quienes nos ofendieron o por las equivocaciones que hemos cometido. Seguimos lamentándonos de haber dicho o hecho algo que probablemente ya nadie recuerda, y sólo nosotros lo estamos reviviendo con todo el sufrimiento que conlleva.

Que tus recuerdos sean para hacerte sentir bien en el presente, no para sufrir por el pasado. Ya no regreses y utilices la mente en tu contra, utilízala a tu favor. Debemos dejar atrás todo eso, y ya no cargar las pesadas piedras del rencor contra los demás y contra nosotros mismos. Si hacemos a un lado esa carga, si no la llevamos con nosotros, nuestro camino será más ligero y nuestro paso será más seguro. No carguemos con el peso del odio o el resentimiento.

Qué decir de la ira y el rencor que queda después de un rompimiento y que disfrazamos con el sentimiento de la desilusión o decepción, aunque siga siendo rencor o ira lo que verdaderamente sentimos. No olvidemos que todo lo que deseamos a los demás se nos regresa tarde que temprano.

¿Diste mucho amor y no fue valorado ni correspondido como tú deseabas? ¿Tú le diste amor a esa persona que antes no tenía? Agradece a la vida por la oportunidad que tuviste de amar y bendice a quien no valoró lo que tuvo, y sigue tu camino.

Son miles los hombres y mujeres que siguen esperando a que la otra persona cambie, a que los valoren como merecen o los quieran. El hecho de menospreciar o no valorar el amor que damos puede interpretarse como una desconsideración. Cuando amamos mucho a alguien y no nos corresponde, ¡ah como sufrimos! Si además de no amarnos, nos hiere, estamos en el lugar equivocado. Esa persona no es merecedora de nuestro afecto y mucho menos de nuestro amor desmedido y desinteresado. La situación es muy clara: si no me siento bien recibido en algún lugar al que llego, es mejor irme, ¿no? Nadie se sentiría bien tratando de agradar, disculpándose continuamente por no ser otra persona.

¡El agua estancada se apesta y se pudre! Así que es mejor dejarla correr. En cualquier relación de pareja, no te merece quien no te ama, y menos aún, quien te lastima. No derrames lágrimas por alguien que no te valora. Si alguien te hiere reiteradamente, sin *"mala intención"*, puede que te merezca, pero ¿sabes qué? *No te conviene.*

Recuerdo la historia de aquel niño que llega muy molesto a su casa porque en la escuela su maestro lo había ofendido al no contestar correctamente en clase. Llega tan molesto que va con su madre, quien se encontraba en la parte posterior de la casa lavando, y le dice: "Mamá, estoy tan enojado con el maestro por lo que dijo. ¡Lo odio mamá! ¡Lo odio con todo mi corazón!" "Hijito, veo que estás muy enojado y sientes mucha rabia, ¿verdad?", le preguntó la mamá. "¡Sí, mamá, mucha rabia!" "¿Ves esa bolsa llena de carbón?, preguntó la mamá. Avienta los trozos de carbón a la sábana aquella que lavé y está secándose al viento. Hazlo con todo el coraje que sientas."

"¿En serio, mamá? ¿Puedo hacerlo de verdad?" "¡Sí, claro! ¡Hazlo! ¡Desahógate si es lo que tú quieres!" Entonces el niño empezó a aventar uno a uno los trozos de carbón y, obviamente, no todos los trozos daban en el blanco, en la sábana que ondeaba a lo lejos.

Al terminarse la bolsa completa, le dijo su mamá: "¿Te sientes mejor?" "Sí, mamá, me siento mucho mejor." "Mira la sábana, le dijo la señora. Casi ni se manchó porque muchos trozos no dieron en el blanco. Ahora voltea y mírate a ti mismo. ¡Mírate cómo estás! ¡Totalmente manchado de negro! Hijito, dijo la mamá. Eso es precisamente lo que sucede cuando lanzas ofensas contra otras personas, el más dañando tarde que temprano eres tú mismo."

Los chismes y la ira

Todos en un momento determinado hemos sido víctimas de chismes, ya sea por algo real que se exageró o por una blasfemia. Probablemente, en este momento alguien estará expresando algún chisme de ti o de mí, nunca lo sabremos y, mucho menos, lo podremos evitar.

Imagínate querer aclarar a todo el mundo nuestra verdad. ¡Qué desgaste! Sin embargo, puede existir sufrimiento al escuchar lo que alguien está diciendo sin ninguna justificación. ¿Cuántas veces te habrás enojado porque alguien expresó un comentario negativo hacia tu persona? Te desmotivas, pierdes la energía y las ganas de trabajar, de estudiar o, por qué no decirlo, de vivir.

¡Imposible callar al mundo para expresar nuestra verdad! La gente supone, cree, intuye o inventa lo que le da su gana. No puedes pasar tu vida queriendo saber qué opinan de ti o qué suponen sobre tus actos.

Hay a quienes les tiene sin cuidado esto, por el tipo de personalidad que tienen, se les *resbala* lo que opinen los demás, por la autenticidad con la que viven o por la seguridad de sus actos. Existen también quienes tienen una autoestima tan elevada que, prácticamente, las opiniones de los demás se diluyen en el mar de su amor propio. ¿Es bueno o es malo? Yo creo que es más bueno que malo porque el desgaste de aclarar las verdades o las mentiras es inmenso.

Olvidamos que los chismes han existido desde siempre y olvidamos que la verdad tarde que temprano es la que triunfa. Te comparto esta frase que pensé y espero que algún día sea célebre: "La mejor forma de desmentir un rumor o un chisme será la poca importancia que le des. Que tu actitud lo desmienta por sí solo."

Pinta tu raya con quienes hacen del chisme un estilo de vida, esas personas se detectan fácilmente: de todos hablan, a todos critican, procuran aventar la piedra y ocultar la mano; las puedes identificar con frases como: "Se dice el pecado, no el pecador…" "Te lo digo a ti porque eres tú y sé que de aquí no saldrá…" "Mira, a mí no me consta, pero me dijeron…"

No olvides el dicho popular que dice: "El que con lobos se junta a aullar se enseña." Es mejor no convivir gran parte de tu tiempo con quienes les encanta *"comer prójimo"*, pues te hace presa fácil de los chismes, y eso te afectará directa o indirectamente. Esta historia me la compartieron hace años y nunca la olvidaré, sobre todo la recuerdo cuando siento las ganas de hablar algo de alguien pero por prudencia no debería:

Había una vez un hombre que calumnió enormemente a un amigo suyo, todo por la envidia que le tuvo al ver el éxito que éste había alcanzado. Tiempo después se arrepintió de la rui-

na que trajo con sus calumnias a ese amigo, y visitó a un hombre muy sabio a quien le dijo:

"Quiero arreglar todo el mal que hice a mi amigo. ¿Cómo puedo hacerlo?" A lo que el hombre respondió: "Toma un saco lleno de plumas ligeras y pequeñas y suelta una donde vayas."

El hombre muy contento por aquello tan fácil tomó el saco lleno de plumas y al cabo de un día las había soltado todas. Volvió donde el sabio y le dijo: "Ya he terminado." A lo que el sabio contestó: "Ésa es la parte más fácil. Ahora debes volver a llenar el saco con las mismas plumas que soltaste. Sal a la calle y búscalas."

El hombre se sintió muy triste, pues sabía lo que eso significaba y no pudo juntar casi ninguna.

Al volver, el hombre sabio le dijo: "Así como no pudiste juntar de nuevo las plumas que volaron con el viento, el mal que hiciste voló de boca en boca y el daño ya está hecho. Lo único que puedes hacer es pedirle perdón a tu amigo, pues no hay forma de revertir lo que hiciste."

Cometer errores es de humanos y de sabios pedir perdón.

¿QUÉ ACTITUD TOMAR ANTE LOS CHISMES?

La respuesta a esta pregunta tiene dos partes. La primera se relaciona con tu actitud ante un rumor o chisme hacia tu persona. Si quien expresa el comentario es de importancia, aclara sin necesidad de suplicar o jurar que se te crea. Simplemente, di tu verdad ante el hecho y punto. *Entre menos importancia le des a un rumor o chisme, menos fuerza tendrá*. Aquí la indiferencia cobra fuerza. Tu actitud desinteresada, aunque sea actuada, puede ayudar enormemente a quitarle fuerza a un comentario infundado. Por supuesto que duele enterarse de situaciones en las que sin deberla ni temerla te han inmiscuido, pero es parte de la vida. Es parte de la ociosidad de personas sin escrúpulos, que lo único que hacen en la vida es desprestigiar y herir con inventos y argüendes. No puedes evitarlo y sufrirás al querer desmentir cuanto rumor se haga sobre tu persona. Te pido que leas nuevamente la frase que acabo de compartir contigo.

La segunda parte tiene que ver con la actitud que sugiero tomes ante quienes practican el chisme como terapia diaria. Digo que es terapia porque está comprobado que hablar de los demás ayuda a disminuir el estrés que causan los múltiples problemas y frustraciones cotidianas.

Esto no quiere decir que recomiende el chisme, pues hay otras formas más saludables y menos conflictivas para disminuir el estrés. La sugerencia fundamental es alejar a esa gente lo más posible de tu círculo sagrado de amigos y conocidos. Si no es posible, te recomiendo alguna de las siguientes actitudes que te ayudarán a mejorar tu imagen ante los demás, incluyendo con los mismos ejecutores de los chismes:

1. Cuando estén *devorándose* a alguien en tu presencia, sutilmente cambia de tema. Pregunta por otra persona, por el clima, por la inmortalidad del cangrejo o por lo que se te dé la gana. El objetivo es cambiar en forma sutil la mala energía que se dirige en contra de quien no está. Te verás de nivel, *¡de categoría!* Al hacerlo, estarás insinuando que no te interesa escuchar la opinión negativa que se tiene de alguien.

2. Cuando estén dañando la reputación de alguien, puedes decir en ese momento alguna cualidad que conozcas o admires de la persona en cuestión: "Lo que yo sé de él es que es un excelente padre de familia." "Lo que yo he escuchado

es que es sumamente responsable y trabajador." De nuevo, tu imagen se verá favorecida, sin necesidad de hacer sentir mal a quienes destruyen la reputación de quien no está.

3. Otra recomendación que te hago es que te levantes o te cambies de lugar. Ve al baño, ve por un vaso de agua. El solo hecho de cambiarte de ambiente en forma temporal estará expresando en ti la indiferencia que sientes al estar escuchando algo que no te agrada (o a lo mejor sí te agrada, pero prefieres mantenerte al margen).

Creernos los comentarios que se hacen de los demás también puede dañarnos. Puede suceder que alguien exprese una opinión sobre nuestra persona, y haya otros que, a pesar de escucharlo, hayan agregado una pausa, una coma o puntos suspensivos, y hayan interpretado la idea de otra forma:

—¿Por qué Raúl es tan serio?

—¿Por qué lo dices? –pregunta otro.

—No sé, yo lo veo muy serio…

Al día siguiente, el que escuchó el comentario puede decir:

—Raúl, alguien me dijo que eres "raro".

¡Una interpretación totalmente diferente!

Un chisme siempre viene aderezado, la gran pérdida de energía que puede ocasionar es enorme. Toma las palabras de quien viene y, sobre todo, no olvides que la gente hace suposiciones e inventa lo que no vio, escuchó o vivió.

Evitar los chismes es imposible, pero sí podemos modificar nuestra actitud ante ellos. Cada vez que alguien se acerque a contarte un chisme, te recomiendo que recuerdes la historia de las tres bardas de Sócrates:

Sócrates, el gran filósofo, ya estaba hasta la coronilla de que le llegaran con tantos chismes.

Un día, un hombre llegó muy agitado a la casa de Sócrates y empezó a hablar de esta manera:

—Maestro, tengo que contarte algo que un gran amigo tuyo dijo de ti.

Sócrates lo interrumpió diciendo: "¡Espera! ¿Eso que me vas a decir ya lo pasaste a través de las tres bardas?".

—¿Las tres bardas?, ¿las tres qué, maestro? –preguntó el discípulo.

—Las tres bardas –replicó Sócrates. La primera barda: ¿te consta que eso que vas a decirme es verdadero?

—No, maestro, pero lo oí de alguien de fiar.

—¡Ah! –dijo Sócrates–, no pasó la primera barda, ya no me lo cuentes. Pero aun así te voy a preguntar por las otras dos bardas. Lo que me quieres decir ¿es algo bueno para mí? ¿Me va hacer sentir bien escucharlo?

—No, maestro, ¡al contrario! –dijo el discípulo.

—Ah –dijo Sócrates. Ya no me lo cuentes, pero como quiera vamos a la última barda. ¿Es necesario que me lo digas?

—Para ser sinceros, no.... pero a lo mejor para que se cuide –dijo el discípulo.

Sonrió Sócrates y dijo:

—Mira, si no es verdadero, no es bueno ni necesario, ¡sepultémoslo en el olvido!

Estoy consciente que poner en práctica esto de las tres bardas, al principio, se nos va a dificultar. Porque no falta quien pasará en vela la noche pensando: ¿qué sería eso que me iba a decir y no quise escuchar? Vamos agregando sentimientos a la duda, pausas, énfasis a algo que realmente no se quiso decir o expresar: y el daño ya está hecho.

Existen personas tan fáciles de herir que, cuando alguien les dice que una persona habló mal de ellos, cambian radicalmente su forma de ser y de actuar. Como aquel estudio realizado por una universidad de Estados Unidos. Se reunieron a sesenta estudiantes que por vez primera se veían para que durante cinco minutos platicaran entre sí. Después los separaron para decirles a algunos que la impresión causada en el otro había sido excelente, mientras que a otros les dijeron (sin ser cierto) totalmente lo contrario, que la impresión había sido muy desagradable.

Luego, los juntaron de nuevo con la misma pareja con la que habían platicado de algún tema en especial y los investigadores observaron los comportamientos. ¿Sabes qué sucedió?

Las señales corporales no verbales que enviaron los que se sentían rechazados eran de no ver a los ojos, o sea con poco contacto visual; marcaban la distancia, cruzaban los brazos en señal de rechazo; en otras palabras, se percibía mucha tensión entre ellos.

Lo más interesante es que muchas de sus parejas, sin saber nada, imitaron los mismos movimientos, la misma conducta y se hizo un círculo negativo. En cambio, los que se sabían aceptados enviaron señales cálidas empáticas, creando un círculo donde fluía la *positividad* y la armonía.

Cuando alguien nos predispone hacia otras personas dejamos de abrir nuestro corazón y se pierde la empatía al sentirnos rechazados.

Pasos adicionales para controlar la ira

IDENTIFICA LA CAUSA

En muchas ocasiones sentimos que no estamos de humor suficiente para aguantar a ciertas personas o acudir a determinados lugares. Simplemente, no estamos de humor. Estamos irritables y no sabemos el porqué. Es bueno destinar unos minutos a analizar por qué te sientes así, quién o qué desencadenó ese sentimiento o esa emoción que te trae de esa manera durante el día. Hay personas o circunstancias que pueden ocasionar ese sentimiento tan desagradable y no nos damos cuenta. Por eso es fundamental detenernos un momento y analizar el origen de nuestro mal carácter. Es fácil tener falsos espejismos y creer que estoy enojado por mi trabajo aunque ésa no es sea la explicación. Hay muchos factores que pueden desencadenar una sensación de molestia, pero con el afán de no tomarle importancia, minimizamos el impacto y evitamos pensar en ello. Aún así el daño está hecho. El subconsciente lo ha aceptado como real y lo guarda. Por ello es bueno enfrentar la situación y reconocer la molestia del suceso. No por reconocerlo querrá decir que le daremos más importancia o permitiremos que nos afecte. Simplemente, nos hacemos conscientes de lo que nos molesta y así se evitará creer o caer en la confusión de que otros sucesos o personas son quienes nos afectan.

UTILIZA LA RESPIRACIÓN PARA TRANQUILIZARTE

Creemos que los pulmones solamente sirven para oxigenarse y no es así. Los movimientos de inspiración y espiración periódicos ayudan a controlar las emociones dañinas como la ira. Inspirar profundo, lo más profundo que puedas y espirar despacio con una serie de tres o cuatro repeticiones, te va a ayudar a controlar las emociones dañinas y negativas.

Se ha comprobado en múltiples estudios que una gran parte de la intensidad del enojo puede disminuir con la respiración profunda. Un ejercicio muy práctico y fácil de realizar es inspirar y espirar antes de hablar o actuar cuando se está molesto. Esto lo comprobé en una ocasión cuando una señora que en una dependencia pública pasaba la vergüenza de su vida con su hijito de tres años, el cual, sinceramente, nada más de verlo caía gordito. Pobrecito, ni lo conozco, ni lo había visto antes, ni lo he vuelto a ver, pero quedó en mi memoria como esos niñitos de *"sangre pesada"* por sus gritos, sus berrinches y sus caras, al no darle lo que quería.

La señora en cuestión utilizaba todo tipo de estrategias para intentar calmar a la fierita, pero no lo lograba. Dialogaba con él, le explicaba que no podía darle lo que quería, le pedía y casi le suplicaba que se controlara. En ningún momento lo amenazó ni le pegó. Su paciencia era increíble. En ese momento, me di cuenta de que la mujer empezaba a inspirar y espirar en forma pausada y tranquila. Lo hizo en dos o tres ocasiones. Cerraba simultáneamente los ojos como intentando visualizar un panorama mejor. En unos momentos *la fierita*, perdón, el niño se había calmado.

Al respecto, una terapeuta me compartía la importancia de mantener la calma en momentos de crisis de ira de un niño, lo cual tú y yo sabemos que es sumamente difícil. Decía que había que hablarles con tranquilidad, pues era lo ideal en esos momentos. Quienes somos padres sabemos que lo que más hace que los niños sigan irritables y necios es precisamente el acelere y la mala vibra que podemos sentir durante el proceso del berrinche. Cuando el adulto mantiene la calma, generalmente, se lo transmite al niño, y las palabras pueden llegar a causar un mejor efecto.

Por supuesto que las palabras ayudan y mucho; también mantendrá tu imagen aceptable ante los que te rodean. Qué terrible es ser testigo de regaños, gritos o nalgadas de un adulto hacia su hijito, rara vez nos quedamos con satisfacción después de una situación así.

La mujer me dio, sin querer, una cátedra de una de las principales técnicas para controlar el enojo. Te pido que lo hagas en caso necesario. Que utilices tus pulmones para neutralizar tu enojo, y cuando lo estés haciendo, procura modificar tu entrono en forma mental. Es increíble cómo puedes controlarte y evitar que el enojo te haga cometer locuras de las que te puedes arrepentir.

CAMBIA DE LUGAR

La directora donde estudian mis hijos me platicaba que recibir frecuentemente a madres o padres de familia molestos por determinada acción que consideran incorrecta para sus hijos le provocaba un gran estrés.

Yo creo que este fenómeno está en aumento. Ahora hay más madres sobreprotectoras que protestan en forma airada contra decisiones tomadas por los profesores o los directores, que no le griten a su hijo porque, inmediatamente, van y ponen la queja en contra de quien daña la autoestima de su criatura.

Hace muchos años, una maestra de tercero de primaria me estiró fuertemente la oreja. La verdad no recuerdo por qué fue (o no me conviene recodarlo), pero de que me dolió, me dolió y mucho. Llegué a mi casa y les dije a mis padres. Ellos me escucharon pacientemente y luego mi papá dijo: "¡Algo hiciste, César, para la maestra haya actuado así!"

Si eso sucediera en la actualidad, estoy seguro de que la mayoría de las madres de familia hubiera reaccionado con indignación y expresado: "¿¡Cómo que te estiró la oreja!? ¡Mañana mismo voy a hablar con la directora para que corran a la vieja esa! ¡No sabe con quién se metió!" Claro que no justifico la agresividad en el aula, pero ahora los padres somos más sobreprotectores de *"los derechos"* de los niños.

La directora me compartió que cada día son más las personas que acuden en su búsqueda para quejarse de una u otra cosa. Puede ser por esa misma sobreprotección que como padres creemos que debemos tener. Me decía que una técnica infalible para controlar el enojo inicial de las madres o padres de familia es siempre escucharlos.

Algunas veces, al abrir la puerta no dan tiempo ni de saludar. Empiezan a exclamar su malestar en forma explosiva sin cuidar ni forma ni palabras. Ella deja que hablen y posteriormente los *"cambia de lugar"*, es decir, les pide que se sienten en una sala anexa o les invita a tomar algo. En ese momento, en que se cambiaron del lugar inicial donde expresaron su enojo, cambia su actitud. La mayoría dice: "Disculpe que haya llegado así, pero me molesta mucho esto..."

No cabe duda de que cambiar a la gente del lugar donde expresó su enojo inicial siempre ayuda a controlar las emociones. Si alguien te hizo enojar en la cocina, vete a la sala o la recámara. No des rienda suelta a la ira. Tómate tiempo pero no tanto que pueda afectar más la relación. Reconoce que estás enojado, dilo, exprésalo, pero siempre cuidando la forma en lo que lo dices. Si no estás en condiciones de controlarte, pide tiempo. Cambia de ambiente y te aseguro que evitarás arrepentimientos posteriores.

ENFRÉNTALA CON ASERTIVIDAD

Decir lo que siento, pero a la persona correcta, de la manera correcta en el momento correcto y en el lugar correcto. Di lo que sientes sin perder la calma, utilizando más el *"yo"* en lugar del *"tú"*. Es que *yo* sentí, *yo* percibí, mira, *yo* me moleste... En lugar de *tú* dijiste, *tú* insinuaste, cuando usas mucho el *"tú"*, la asertividad se pierde y la armonía también.

Hace tiempo leí que se pueden utilizar también en este tipo de discusiones las siguientes frases: "Yo siento..." "Cuando tú..." "Me gustaría..."

Si por alguna razón sientes que la persona que amas no te dedica el tiempo que necesitas o crees merecer, la reacción inmediata y común es el reclamo, el enojo, o inclusive la ruptura.

El hombre disfruta de la compañía de sus amigos, dedica más tiempo a ellos que a ti y eso te tiene sumamente irritada. Los pleitos son constantes y nunca se llegan a acuerdos, sólo reclamos y conflictos. Si utilizas estas tres frases podrías evitarte muchos problemas:

"Yo siento que últimamente no te importo como antes. Yo siento que no valoras la importancia de dedicarnos tiempo para nosotros."

"Cuando tú me llamas para decirme que te vas con tus amigos aún cuando ya teníamos un compromiso para vernos, me siento muy mal. Me siento poco valorada y poco importante en tu vida."

"Me gustaría que me dijeras qué podemos hacer. En qué estoy fallando para que nuestra relación se esté enfriando. Me gustaría que llegáramos a un acuerdo y evitar esta incertidumbre que sinceramente me está dañando mucho."

No utilizar técnicas asertivas hace que los conflictos se hagan presentes una y otra vez; y, en lugar de una discusión, las palabras toman tinte de pelea. También nos falta asertividad cuando buscamos en el pasado circunstancias que nos molestaron de la persona en cuestión, y entonces sacamos a relucir situaciones que ya estaban sepultadas en el pasado, e incluso que habíamos perdonado, pero con el fin de ganar esta discusión cobran vida.

Otra recomendación muy práctica es la regla *más-menos-más*, fundamental cuando se trata de corregir sin hacer sentir mal a alguien que se equivoca. Durante el proceso de la corrección, primero dile algo positivo, posteriormente dile dónde estuvo el error y, por último, dile nuevamente algo positivo. Un ejemplo es esta situación:

Llega el hijo con calificación reprobada. La primera reacción puede ser de enojo y reclamo por parte de los padres, y lo único que ocasionamos con esto es frustración en ambas partes.

Si utilizamos la regla *más-menos-más*, la corrección puede ser de la siguiente forma:

Más: me extraña que tú hayas reprobado, ya que me consta tu inteligencia. Sé y admiro tu capacidad y por eso me extraña tanto.

Menos: me entristece que siendo tu responsabilidad más grande estudiar, no le dediques el tiempo y las ganas necesarias.

Más: pero estoy seguro de que esto no sucederá más porque tú sabes lo importante que es para ti terminar tus estudios, y sé que puedes con esto y con más. Además, ¡me extraña que siendo mi hijo, que teniendo mi sangre repruebes! (bueno eso ya es exagerar, pero se aplica).

La mayor parte de los conflictos suceden por diferencias con quienes convivimos. No olvides las tres verdades: *tu verdad, mi verdad y la verdad*. Ojalá siempre tengas en mente llegar a *"la verdad"*. Siempre es bueno analizar el punto de vista que puede tener otra persona, porque su realidad es diferente. A ver si entre los dos llegan a *"la verdad"*.

A propósito de este tema, en un viaje que realicé a Puerto Rico, una pareja de amigos me contó una breve historia que me hizo reír mucho y que probablemente la tengas que aplicar un día: "Una mujer llegó muy molesta a la oficina de su marido a reclamarle. 'Me dijeron que tienes una amante.' El hombre contestó: 'Ese es *mi* problema.' Ella le dijo: '¡Pero dicen que está embarazada!' 'Ese es *su* problema', respondió él. '¿Y cómo quedo yo en esto?' añadió la mujer y su esposó remató: 'Ese es *tu* problema.' Claro que es exagerar y fue contado en son de chiste, pero muchas veces tomamos los problemas de los demás como propios y ¡ah! cómo sufrimos.

HAZ EJERCICIO

Está comprobado que el ejercicio tranquiliza a las fieras. No desaproveches cualquier oportunidad para practicar algo de ejercicio, pues al realizarlo el organismo secreta una serie de sustancias que ayudan a mantener la calma en momentos de crisis. El ejercicio siempre ayuda a oxigenar el organismo y, simultáneamente, ayuda a controlar las emociones. Cuanto más trabajo tengo, más lo debo practicar porque me ayuda a reaccionar con más calma ante lo que me sucede. Una persona que nunca se ejercita se torna irritable, se cansa más fácilmente y vive menos. ¿Así o más directo? ¿No crees que sean razones suficientes para iniciar hoy?

Espero que apliques a partir de hoy estas cinco recomendaciones para controlar la ira y la agresividad que tanto daño hace a las personas que más amamos.

No permitas que te irriten las pequeñeces. No vale la pena que desperdicies tus valiosas energías enojándote por los muchos contratiempos pequeños que son parte de la vida.

¿No te dieron el paso al conducir? ¡Deja que fluya! ¡No te enganches! No malgastes tu paz y buena vibra al desearle el mal a quien probablemente no volverás a ver nunca. Si el otro conductor es descortés, es *"su"* problema. Si con quien trabajas está frecuentemente malhumorado, es *"su"* problema. Si el del mal carácter eres tú, ese es *tu* problema y no tienes porque contagiar tu amargura, pesimismo y negatividad a quienes te rodean.

La vida está llena de altibajos. Para sentir eso que le llamamos *felicidad* es necesario experimentar en cierta medida otras emociones, incluidas la tristeza y la ira. El ideal al que recomiendo llegar es aceptar lo que uno tiene y lo que uno es.

Disfrutar la vida siempre que sea posible y sentirse feliz la mayor parte del tiempo. Dije la mayor parte del tiempo, porque estar feliz siempre es algo prácticamente imposible. La vida sencillamente no es así, tiene altas y bajas. En un mismo día las cosas pueden marchar de maravilla y en unos minutos puede estar todo en nuestra contra.

Cuando permitimos que la ira nos gobierne, generalmente tomamos caminos equivocados que traen secuelas a veces irremediables. Cuando la orientamos a una dirección correcta, fomenta la armonía y ayuda al crecimiento. No tenemos por qué estar de acuerdo en todo con todos.

Somos responsables del control de todas nuestras emociones. *Una persona es madura cuando controla sus sentimientos o emociones, llámese ira, rencor, euforia o exceso de amor.*

El perdón, un paso fundamental para lograr el placer de vivir

Recuerdas la frase que dice: "Si quieres ser feliz en la vida, ama, perdona y olvida." Perdonar es un acto de amor enorme, pero olvidar el agravio se convierte en toda una odisea y más para quienes tenemos una excelente memoria. Creí por mucho tiempo que yo era un ser rencoroso por acordarme de muchos agravios que *debería* haber olvidado.

Sin embargo, he aprendido que perdonar no es precisamente olvidar. Si se logra hacerlo, qué bueno, pero si lo recuerdas y no te duele, entonces sí es algo muy cercano al proceso del perdón.

He sido testigo de los terribles estragos que ocasiona el rencor o el odio por ofensas recibidas. He vivido en carne propia el daño tan grande que provoca estar *rumiando* las palabras ofensivas que, en algún momento, alguien me dirigió. ¿Qué beneficio tenía pensar una y otra vez en el agravio? Ninguno. Al contrario, mi coraje aumentaba y mi dolor se hacía patente en mi forma de actuar y en mi manera de expresarme.

En mi práctica médica veía cómo algunos pacientes se consumían físicamente con un sin fin de enfermedades reales y ficticias por historias relacionadas con robos entre hermanos, infidelidades, madres o padres que maltrataron a sus hijos; en todos esos casos, al paso del tiempo, el odio y el resentimiento se hacían presentes en sus mentes y sus corazones. Recuerdo un caso en especial:

Verónica no podía olvidar las ofensas verbales y la infidelidad de su marido, quien un día sin la mínima consideración la abandonó con tres hijos, todos menores de edad.

No obstante este dolor, apareció meses después exigiéndole la casa con todo lo que se encontraba en su interior. Ella intentó por todos los medios legales defender lo que le correspondía por derecho propio, pero la corrupción y la impunidad que impera en el país le dio toda la protección al marido, dejándola a ella y a sus hijos en la calle.

Su resentimiento se hacía presente todos los días. Empezó por sufrir insomnio que tenía que ser controlado, primero con remedios caseros, después con medicina natural, y por último con fármacos.

Como probablemente sabes, no dormir correctamente provoca una serie de reacciones en cadena. Primero, los reflejos y el estado de alerta disminuyen, y por lo tanto, se convierten en candidatos a sufrir accidentes. Quien no duerme bien se torna irritable, extremadamente sensible y con alto índice de estrés. El estrés por sí sólo es causante de muchos males, incluyendo los cardiacos. Y por si fuera poco, no dormir correctamente es causa de ¡aumento de peso! Así como lo lees. ¿Por qué? Estar fatigado y cansado hace que el organismo crea que es por falta de energía o falta de alimento. Entonces, el cerebro así lo interpreta y estimula el reflejo del hambre. Quien padece de insomnio come más y aumenta de peso.

Verónica padecía de insomnio porque al final del día y en el silencio de su habitación pensaba una y otra vez en lo ingrato y poco hombre que era su ex marido. Sentía rabia al imaginarlo con otra mujer, feliz de la vida, olvidándola a ella y a sus hijos.

No podía comprender cómo había tenido tanta desfachatez para tratarlos así. ¿Dónde había quedado el amor que se tuvieron? ¿En qué falló? ¿Qué debió hacer o qué no debió haber hecho?

Este estrés le ocasionó que su coraje se volviera contra sus hijitos y que ella se enfermara de padecimientos varios. Le externé la necesidad de recibir terapia psicológica para el perdón, lo cual no fue recibido con mucho agrado. Su dolor era tan grande que, según ella, jamás le perdonaría tanta humillación. Sus achaques continuaron por varios años, hasta que un día decidió aceptar mi propuesta. Acudió a terapia, leyó una y otra vez mi libro *Una buena forma para decir adiós*, y mejoró notablemente en los siguientes meses.

Esto me hizo recordar la gran validez que tiene la frase: "El dolor es normal, el sufrimiento es opcional."

¿Cuántas historias más habrá similares a ésta? ¿Cuántas enfermedades se habrán formado por el cúmulo de ofensas, resentimiento, odio, coraje y rencor en contra de alguien? Es mucho el dolor que nos causaron como para avivar ese fuego con la memoria, con los recuerdos.

Aquellas ofensas que más nos duelen, generalmente, son las que provienen de personas más cercanas a nosotros, de quienes más queremos, o de quienes más amor o consideraciones esperamos. Por un lado, podría considerarse como injusto o incongruente, pero es verdad, porque a mayor convivencia, más la confianza, y por lo tanto más posibilidades de que existan fricciones. ¿Duelen más esas ofensas? Indudablemente sí.

En el estudio de mi casa, llama mucho la atención uno de mis cuadros favoritos, el cual recibí como obsequio al finalizar una de mis conferencias. Se trata de una imagen conmovedora, *El regreso del hijo pródigo*, de Rembrandt pintor holandés, el maestro de los claroscuro y uno de los más destacados pintores del barroco.

Recuerdo que una de las clases que no me gustaba era precisamente la de historia del arte. En ese entonces mi maestra decía: *"Para entender mejor el arte es fundamental conocer la vida del autor."* Ella decía que la vida que había llevado el autor se veía reflejada en su obra. Es algo que ahora considero lógico, de acuerdo a cómo es la persona se verá reflejado en lo que realiza. Rembrandt tuvo una vida azarosa, inestable, conflictiva y dura. Estuvo arruinado en varias ocasiones. Se casó dos veces y, por último, vivió con una mujer que no era su esposa. Tuvo graves problemas familiares. Un año antes de su muerte falleció su amado hijo Tito. Al final de sus días vivió una sincera y angustiada búsqueda de Dios.

Ese cuadro es quizás su última obra. Está basada una parábola del evangelio de san Lucas 15: 11-22 del Nuevo Testamento, en la que pinta al hijo arrepentido y harapiento que llevó una vida de despilfarro cuando regresa en la miseria y es abrazado amorosamente por su anciano padre quien decide perdonarlo. A la izquierda del cuadro hay cuatro espectadores: dos hombres y dos mujeres. Uno de ellos es el otro hijo, quien se molesta con su padre por la decisión del perdón al abrazarlo, besarlo y otorgarle una túnica, un anillo, y celebra su regreso con un banquete matando a un cordero gordo. No hubo sermones, tampoco regaños, amenazas ni castigos. Sólo un acto de amor profundo que es el perdón. El hijo quiso justificar sus faltas, pero el padre reaccionó con afecto.

Sin lugar a dudas, el que más ayuda necesitó en ese momento fue precisamente el indignado hijo mayor, quien se enoja con la decisión de su padre. Me imagino que sintió rencor, celos, envidia al ver esa reconciliación. ¿Cuántas veces ocurren historias similares donde alguien decide otorgar un perdón y ocasiona el enojo de los espectadores que juzgan duramente una acción basada en el amor?

Por supuesto que esta parábola no tuvo un final cien por ciento feliz. ¿Sabes por qué? Por el resentimiento con el que se quedó el hermano mayor. Por la envida y el dolor que le provocó ver el despilfarro de su hermano y el perdón sin medida de su padre. Al respecto, recordé una frase que en alguna ocasión leí: "El dolor no tiene poder. El poder del dolor es precisamente cuando dejamos de amar."

He conocido a muchas personas que han llevado una vida de sufrimiento, una vida donde predomina una actitud de *víctima de las circunstancias*, que en ningún momento se pone en tela de duda. Hay gente mala, sin escrúpulos, que en su afán por lograr lo que se proponen o encontrar lo que para ellos es el significado de su felicidad, les importa muy poco el daño que causan.

La vida no es justa. No, no lo es. Hay gente que nos trata bien y gente que nos trata mal. Hay amigos verdaderos y falsos. Es parte de nuestra vida y nuestro existir. En un día puedo recibir agravios y ofensas diversas. Pero de mí depende si los guardo o los dejo donde los recibí. ¿En qué momento aprendemos a tomar como propias todo tipo de opiniones y ofensas que la gente avienta?

Es claro que el ser humano no tiene la capacidad de borrar el pasado, pero sí tiene el poder de disculpar o perdonar lo que recuerda. No es lo mismo *perdonar a disculpar.* Tendemos a confundirlo creyendo que la diferencia consiste en la gravedad del daño o en la capacidad de olvidar, pero en eso no se basa la diferencia. Cuando logro entender la razón por la cual me ofendiste, sin necesidad de justificar tus actos, pero lo entiendo, te *disculpo.* Por ejemplo: "Entiendo que tu mal carácter y tus ofensas son por el coraje que sientes por el despido injustificado en tu trabajo. Lo entiendo, mas no lo justifico." "Entiendo el dolor tan grande que sientes al saber que te traicionaron en el amor y por eso te desquitaste conmigo ofendiéndome. No lo justifico, pero lo entiendo." "Entiendo que tu mal carácter y falta de consideración con toda la familia es por culpa de tu alcoholismo. No justifico tus acciones, pero entiendo que son la base de tu problema." En los ejemplos anteriores se aplica la disculpa.

La gran diferencia con el perdón consiste precisamente en la falta de entendimiento del por qué de tus acciones: "Por más que pienso y quiero entender por qué me ofendiste después de tanto amor y entrega, no sé la razón, pero aún así te *perdono*, o mejor dicho, *me conviene* perdonarte."

Tú y yo sabemos que es sumamente difícil este paso, pero es el que mide nuestro grado de madurez, la capacidad que tenemos de sobrellevar el dolor y de evitar que se convierta en sufrimiento. Que quede claro que el acto de disculpar o perdonar no quiere decir que apruebe su comportamiento. Simplemente, se pretende volver a sentir paz y armonía por el daño tan grande que vive por la ausencia del perdón.

Al perdonar no necesariamente se olvida. Recuerdo a la perfección todas las ofensas recibidas en mi niñez y en la actualidad. Tengo muy buena memoria y si decido hacer un *"recuento de los daños"* mi mente me ayuda de inmediato a revivir los agravios; entonces, caigo en el juego de *"relamer mis heridas"* y expresar una y otra vez: "Pobre de mí." La vida me trató algunas veces mal y ahí va el rol de víctima, en el que nos podemos *"pobretear"* todos los días y sentir que no valemos lo suficiente. A la mente le encanta ese juego, pero he decidido no jugarlo más. Claro que te acuerdas de las ofensas. ¡No tiene nada que ver con el Alzheimer!

¿Cuándo saber si ya perdonaste? Cuando recuerdas, pero ya no te duele. Cuando vez la herida, pero no te afecta. En esos momentos es cuando puedes afirmar que ya iniciaste el proceso curativo del perdón que tanto beneficia a tu paz y te ayuda a sentir el verdadero placer de vivir.

¿CÓMO PERDONAR?

Conoce el poder curativo del perdón. El conocimiento da seguridad. Cuando aceptamos la gran cantidad de problemas y conflictos que acarrea el resentimiento, tomamos mejores decisiones. Hay quienes deciden jamás perdonar y sus razones tendrán, pero las repercusiones de esa decisión también hay que aceptarlas.

Hace unos años, más de cuarenta investigadores se reunieron en Atlanta, Georgia, para revisar sus hallazgos sobre el poder curativo del perdón. Los descubrimientos evidenciaron los grandes beneficios que tiene para la salud. Entre muchos, recalcaron los siguientes:

* Reduce el dolor de espalda crónico.
* Disminuye las recaídas en personas con problemas de drogadicción.

* La ira acumulada disminuye notablemente y, por lo tanto, la frecuencia cardiaca y respiratoria se normalizan.

* ¡Reduce el estrés en un cincuenta por ciento! Lo que podría considerarse obvio porque guardar resentimiento ocasiona que esos recuerdos eleven la frecuencia cardiaca y los deseos de venganza. Cuando tenemos coraje, se elevan las hormonas del estrés: adrenalina y cortisol, las cuales aceleran el pulso y elevan el nivel de glucosa en la sangre. Esto último es inofensivo, ocurre por un momento; en cambio, si la ira por falta de perdón es frecuente y constante, estas sustancias se convierten en nocivas para el organismo, ya que el cortisol inhibe el sistema inmunológico y lo hace susceptible a padecer múltiples enfermedades. Esto último fue un descubrimiento del doctor Fred Luskin, director del Proyecto sobre el Perdón de la Universidad de Stanford.

Por si se te hacen pocas las consecuencias (y para colmo de males), tener elevado el cortisol por la ira acumulada a causa del resentimiento, atrofia poco a poco a las neuronas y causa pérdida de la memoria, aumenta la presión arterial y propicia el endurecimiento de las arterias, con la consecuente aparición de males cardiacos.

Otro estudio que me impactó mucho, sin lugar a dudas, fue el publicado por la psicóloga Charlotte VanOyen del Hope College de Holland, en Michigan. La investigadora colocó unos sensores a setenta y un estudiantes y les hizo revivir insultos o traiciones de sus familiares, amigos o ex novios. Al pedirles que se imaginaran perdonando de corazón a sus ofensores, los participantes presentaron una frecuencia cardiaca y presión arterial más estables, lo cual confirma una vez más que el perdón es un poderoso antídoto contra los efectos devastadores de la ira.

Conocer los grandes beneficios que tiene en la salud el proceso del perdón nos ayuda tomar la decisión de intentarlo.

Analiza la ofensa con objetividad.
Deja a un lado el pensamiento emocional y utiliza el pensamiento racional. Es benéfico agregar preguntas directas que evidencien la exageración con la que hablamos y que nos enfrenten con la realidad, además de que nos ayudan a ser más objetivos:

"¡Es que no puedo perdonar! ¡Eso nunca!" ¿En serio, nunca podrás perdonar? "Bueno, por el momento no." ¡Ah! Entonces, sí hay posibilidad de perdonar.

"¡Siempre me trató mal!" ¿Siempre? ¿Nunca tuvo un trato de amor y consideración hacia tu persona? ¿Nunca hubo buenos momentos? " Bueno si, pero últimamente, no."

"¡Para qué perdonarlo, si va a volver a caer en lo mismo!" O sea, tu capacidad de predecir el futuro te hacen afirmar esto. No sólo estás herido, humillado y ofendido, sino además has desarrollado capacidades psíquicas que te hacen predecir el futuro y las reacciones de los demás. ¿Estás segura de que volverá a caer en lo mismo? ¿Tienes el poder de ver el futuro y afirmarlo con tal seguridad?

"Mi resentimiento es contra todo el mundo porque nadie me ha querido y todo el mundo se ha aprovechado de mí." ¿En serio, nadie te ha querido? ¿Es tan fuerte tu mala suerte, karma o castigo, que todo el mundo se haya confabulado contra tu persona? ¿Qué hiciste para que el mundo la traiga contra ti?

Generalmente, atraemos lo que más sentimos o lo que más deseamos. Analizar las ofensas con *objetividad* consiste en *hacer consciente* todas esas frases que en forma automática decimos o nos decimos, y que intentan justificar nuestro sufrimiento. El orgullo nos impide ver las cosas con objetividad. Por eso, es recomendable hacer una serie de cuestionamientos que nos ayuden a contestar la verdad sobre lo ocurrido y de esta forma enfrentarnos cara a cara con la realidad.

Recuerda, detrás de una persona difícil
siempre hay una historia difícil.
Claro que no se trata de justificar al ofensor, pero sí de entender sus motivaciones y el por qué de sus acciones. Siempre existe una historia personal que hace que la gente actúe de manera hiriente o agresiva.

Recuerdo a un ex compañero de trabajo que, de la noche a la mañana, ocupó una gerencia de gran responsabilidad. Más de treinta personas a su cargo y una escasa o nula capacidad de influir positivamente en la gente. El sentir general era de desprecio hacia su persona por su forma altanera de dirigir. Hacía sentir a la gente inepta. Con su actitud, demostraba la gran diferencia que existe entre *poder y autoridad.* Por el poder del puesto que tenía, exigía que la gente trabajara y estuviera a su disposición, pero nunca se ganó el respeto y admiración que hace que la gente reconozca en él su *autoridad.*

Normalmente, tendemos a criticar y juzgar con dureza a quienes son así, y es difícil evitarlo. Caemos de nuevo en el rol de víctimas de las circunstancias y de las personas que no saben dirigir con asertividad, y pocas veces buscamos las razones, y mucho menos las estrategias que nos ayuden a sobrellevar la relación.

Al estudiar su historia personal, encontré tres poderosas razones que lo hacían actuar así:

Primero. Una infancia donde el abandono de su padre le dejó un profundo resentimiento.

Segundo. Un matrimonio conflictivo que terminó en un divorcio tormentoso, donde ambas partes pelearon hasta el último centavo que habían invertido, siendo precisamente él quien más perdió.

Tercero. Dos despidos de empleos anteriores que, a su juicio, fueron injustos, ya que, según sus palabras, *"sus jefes fueron injustos y él siempre puso su mejor esfuerzo"*. ¿Tú lo crees…? Yo tampoco.

Al conocer su historia personal comprendí sin justificar el por qué de sus ganas de mangonear a sus anchas. Le faltó capacitación y sensibilidad para hacer que las cosas sucedan a su favor. Le falto ganarse la aceptación, la confianza y el afecto de la gente, aspectos fundamentales para una buena dirección.

Esto mismo puede aplicarse en la familia. Un padre o una madre de familia con una historia personal difícil que no ha analizado y mucho menos ha superado, le hace actuar de diversas maneras, repitiendo los mismos errores que se cometieron en su persona.

Duele reconocerlo pero es la realidad. Más de setenta por ciento de la gente tiende a repetir patrones de conducta que fueron observados durante la infancia, incluyendo la violencia y los hábitos nocivos. Es difícil aceptar que todo lo que estamos viviendo por la violencia sea la consecuencia de la poca importancia que se le ha dado a invertir en educación hacia nuestros hijos. El poco conocimiento que tenemos sobre el impacto de las acciones que nuestros hijos ven con frecuencia en nosotros. La falta de valores que fortalezcan a las familias, valores como el respeto y la honestidad. Recuerda, la palabra impacta, pero el ejemplo arrastra.

Un padre de familia muy molesto por la actitud de su hijo hacia su madre expresó:

—¿Por qué le hablaste así a tu madre? ¡A mí y a tu madre se nos respeta! ¡Nunca le hables de esa forma! ¿Quedó claro?

Y en eso, la madre dice con voz sumisa:

—Ya no le digas nada por favor.

—¡Tú, cállate, tonta! –contesta el padre furioso.

Pero por supuesto que los actos dicen mucho más que las palabras. ¿Cómo te imaginas que tratará a la gente ese hijo cuando sea adulto? Tratará igual a quien se deje o a quien tenga la facilidad de mangonear.

Si en la casa se expresa sólo el lenguaje de la agresividad a través de palabras, miradas y silencios, eso mismo aprenderá la gente que guiamos. Estamos pagando el precio de la poca inversión de recursos y tiempo en educación.

Te acuerdas del dicho que dice: *"Toma las cosas de quien vienen."* Bueno, si verdaderamente lo aplicáramos, no aceptaríamos tomar a pecho cualquier ofensa que nos profiera alguien con una historia personal tormentosa, y menos, si quien lo hace tiene poca influencia personal. No hay que dar importancia ni tiempo a quien aprovecha para aventar su veneno acumulado, fruto de sus decepciones o frustraciones. Sería bueno que todos aplicáramos esta idea, además haría mucho bien si analizáramos palabra por palabra, ya que entenderíamos mejor el porqué de la amargura de la persona en cuestión.

Examina tus sentimientos.

Es bueno analizar el porqué de nuestro rencor. Qué es lo que hace que haya tomado tan a pecho esta ofensa. ¿Qué he vivido recientemente que me hace estar más sensible o irritable?

Un día llegué de un viaje largo. Más de siete días de gira en varias ciudades extrañando muchísimo a mi familia. Al llegar a casa, no había nadie. Estaban en un evento escolar de mi hijita ya agendado mucho tiempo antes, al que, por motivos de trabajo, no pude asistir. Cuando llegaron mi esposa y mis hijos a la casa, estaba yo serio, mal encarado y contestaba en forma corta y seca a las preguntas que me hacían. Por supuesto que al rato ya había pleito por cualquier cosa.

Me metí a bañar, acción que generalmente me tranquiliza, y entendí que mi estado de irritación era debido a los días tan pesados que había tenido, aunque me había ido muy bien en la gira. Entender que no siempre estamos con el mejor humor para llevarnos como normalmente nos llevamos, nos hace más prudentes al reaccionar. Examinar cómo me siento y por qué me siento así, evitaría muchas fricciones y, sobre todo, nos ayudaría a ser más sensibles a la hora de perdonar a quienes nos ofenden. Cada uno de nosotros pasamos por diferentes etapas, así las emociones que cada etapa conlleva también varían.

Cambia tu rencor por servicio.
Por supuesto que servir sana heridas del pasado. Así como afirmo que nada ayuda más en contra de la tristeza que hacer algo por lo demás, lo mismo afirmo cuando hay dificultad para perdonar. "La ociosidad es la madre de todos los males." Lo mismo pasa si estamos pensando en lugar de actuar, pues esto provoca que las heridas tarden en cicatrizar.

Cierta semana entrevisté por segunda ocasión a una sobreviviente del holocausto que cobró la vida de seis millones de judíos asesinados brutalmente en los campos de concentración, de los cuales millón y medio eran niños.

Ruth Glasberg Gold, originaria de Rumania, cuando contaba apenas con 11 años de edad fue deportada a un campo de concentración en Transnistria, Ucrania, al igual que sus padres y su hermano de 18 años, un joven prodigio, a quien ella adoraba y admiraba por su gran amor a la música, especialmente al violín.

Ruth vivió una historia en la que sobrevivir era la lo fundamental. Comer un pedazo de pan era un lujo, y sobrellevar la malaria, la disentería, los bichos que abundaban en las barracas, y muchos otros padecimientos, sin contar con medicamentos, era todo un reto. Durante su cautiverio, ella fue testigo de la muerte de cada uno de los miembros de su amada familia. Su padre, su gran ejemplo, ícono de fortaleza, un hombre digno de admirarse por su amor al trabajo y a su familia, murió primero; posteriormente, su hermano, y finalmente murió su adorada madre, después de una larga agonía.

Me impresionó constatar una vez más el poder que puede tener una palabra, un decreto, en un momento de crisis. Recuerda Ruth los momentos en que su madre, agonizando, le dijo: "¡Tú vas a sobrevivir, Muttika! (así le decían cariñosamente). ¡No lo dudes nunca! ¡Vas a salir viva de esto!"

Después de la guerra, Ruth fue liberada de ese horrendo lugar y escapó de Rumania en un barco carguero que, para colmo de males, naufragó en una isla griega. Posteriormente, fue rescatada pero de nuevo fue hecha prisionera y confinada un año más en un campo de concentración en Chipre.

¿Cuál momento de esos tres años de calvario fue el más terrible? Ella contesta sin titubear que cuando se quedó completamente sola, en plena adolescencia, dentro de un campo de concentración donde la muerte se presentaba a cada instante. Madurar a costa del dolor y la soledad, añorar a quienes tanto la amaron y tanto amó. Sin embargo, dijo, "por lo pronto la vida sigue para mí".

Ella escribió un libro que tituló *Lágrimas secas*, el cual ha sido editado en hebreo, inglés y español. Al cuestionarle el porqué del título, respondió sin pensarlo mucho: "Es porque precisamente mis ojos quedaron secos de tanto llorar, de tanto sufrir."

Una joven maestra del orfelinato donde pasó parte de su vida, le pidió escribir un recuento de lo sucedido, y ella lo hizo inicialmente en un documento de doce páginas, el cual fue dado a conocer por un periódico en Bucarest. Al ver publicada su terrible historia, decidió que algún día escribiría un libro que tocaría las fibras emocionales más íntimas de cuantas personas lo leyeran, con el fin de sensibilizar sus corazones, y con la esperanza de que nunca volviera a suceder un holocausto similar. Después de cuarenta años, Ruth publicó su libro y su testimonio ha sido compartido por miles de personas en el mundo.

A la fecha, Ruth Glasberg Gold vive en Miami, Florida, y a sus 80 años de edad, es una mujer bella por dentro y por fuera: ojos azules bellísimos, que nadie creería que vieron tanto horror y sufrimiento; una sonrisa sincera y franca y un envidiable amor por la vida.

¿Cómo olvidar? ¿Cómo perdonar? Son preguntas que le formulé y ella contesta sin titubear: "Olvidar, nunca. Imposible olvidar lo vivido. Perdonar ha sido un proceso de muchos años; ha sido posible solamente al transformar el dolor en servicio a los demás. En ayudar en la medida de lo posible. Decidí dejar de lamentarme por lo sucedido y empezar a ver de qué manera cambiaba el *dolor por servicio.*"

Ruth decidió hacer lo que mucha gente que ha sufrido: *transformar su dolor en alguna actividad que pueda ser de beneficio para los demás*. Se graduó hace muchos años de enfermera, y así contribuyó en algo a aliviar el sufrimiento. Sentía que al hacer algo por alguien, sus heridas emocionales iban cicatrizando; al compartir su testimonio siente que puede promover de alguna forma la importancia de amar a nuestros semejantes y evitar el odio. Ruth fue fundadora del primer grupo de apoyo para niños sobrevivientes del holocausto, en Florida. Ahora es oradora en diferentes foros a nivel internacional. Habla perfectamente siete idiomas.

Ella no entiende cómo puede haber tanto odio en el mundo. Cómo un ser humano puede transformarse en un demonio sin sentimientos y asesinar despiadadamente a otro de su propia especie. Le asombra cómo la gente, teniendo una familia, no le demuestra su amor y ternura constantemente.

—Es difícil entender –dijo– que alguien esté peleando continuamente con su hermano. *¡No valoran lo que tienen!* Olvidan que el *amor* es la fuerza más maravillosa que existe.

Difícil olvidar las ofensas y las humillaciones, pero depende de cada uno de nosotros transformar ese dolor en servicio y amor. Albert Einstein escribió: *"Aquél que olvida sus raíces y sus sufrimientos, seguramente olvidará su existencia."*

La vida me ha permitido conocer a más personas que me han enseñado la importancia de trasformar el coraje en servicio. He aprendido que el dolor, fruto de las ofensas o humillaciones, puede disminuir notablemente si hacemos algo por los demás.

Mientras escribo esta parte del libro, me distraigo con un artículo de un periódico local. Una maestra que recientemente ingresó a un centro penitenciario acusada de transportar droga en la frontera de México con Estados Unidos. Un año antes fue reconocida como la "maestra del año" por su excelente desempeño frente a las aulas. A esta madre de familia, egresada de la Universidad del Paso Texas, le cambió radicalmente su vida al afirmar una y otra vez que le *"sembraron"* la droga en la cajuela de su automóvil.

La gente que la conoce afirma lo mismo, se realizaron varias manifestaciones de protesta en el exterior de los juzgados de la ciudad donde vive. "Es un sube y baja de emociones. En ocasiones me siento bien, y luego me siento muy triste porque extraño muchísimo a mi familia." "He decidido dar clases de inglés en esta prisión –dijo–, esto me hace sentirme productiva y enfocada en mis alumnas. Cuando lo hago me desconecto del coraje y la tristeza que siento."

Su decisión de *servir* es, sin lugar a dudas, una de las acciones que más puede dar beneficio a cualquier persona que vive adversidades. Por cierto, la maestra fue liberada al demostrarse su inocencia.

También conocí la fortaleza de otro padre de familia que sufrió a consecuencia del terrible asesinato de su hijito. Él, su esposa y su otra hija, vivieron el periodo de duelo. Después de un tiempo, decidieron cambiar ese dolor y el coraje de quienes impunemente siguen en libertad, aún y con las pruebas de que efectivamente realizaron el aberrante acto.

—Ya basta de llenar mi corazón de tanto resentimiento –me dijo. No podemos seguir viviendo de esta forma y lo único que estamos logrando es hacer más fuerte el daño, porque entre más lo pensamos, más poder le otorgamos. Estamos ayudando a otros padres que han sufrido la pérdida de hijos con terapias que ayuden a sobrellevar nuestra pena.

Nos reunimos cada semana en sesiones de dos horas donde a través de pláticas sobrellevamos el dolor.

Sus palabras me acompañarán por siempre porque, en los momentos en los que, por alguna razón, me molesto contra quienes ofenden a gente que quiero o a mi persona, me ayudan a darme cuenta que siempre seré yo quien decida si esa ofensa la hago más grande o la trasformo; y entre más pienso, más fuerza le doy al agravio. Hacer algo por los demás siempre será un proceso sanador.

Te pido que en este momento pienses en las ofensas que no has podido perdonar. Analiza si con el pensamiento has otorgado *más poder* a los otros, y si hay alguien a quien podrías facilitarle la existencia con tu presencia o tu ayuda. Decía mi abuela que la mejor forma de olvidar un mal momento es ponerse a barrer. Haciendo el quehacer de la casa, siempre me ayuda a no estar reviviendo lo que no quiero recordar. La sabiduría popular que siempre es bienvenida, ¿no es así?

No se perdona de la noche a la mañana. Durante este proceso, regresan a nuestra mente los agravios, las heridas duelen, pero con el paso del tiempo, si realmente lo decidimos y deseamos perdonar, recordar ya no duele.

Inicia ese proceso con la decisión de dejar atrás lo que tanto daño te hizo y, sobre todo, evita seguir agregando a tu mente los porqués de esa determinada situación. Nunca encontraremos las respuestas a por qué determinada persona actuó así. Nunca sabremos a ciencia cierta qué es lo que hace que la gente cambie radicalmente y sea capaz de convertirse en un ser insensible. Reitero, muchas veces son las expectativas tan altas que tenemos en los demás lo que más nos daña. Creemos tanto en la gente que, al paso del tiempo, las decepciones nos desgastan.

Los papeles se revierten en la vida. Ayer fuimos los dañados, mañana seremos los agresores, aún sin desearlo. Haremos o diremos algo que nos hará pedir perdón por el error. La ley del búmeran se hará presente. Todo se nos regresa, pero nuestra capacidad de perdonar errores, será la misma capacidad que tengan los demás para hacerlo con nosotros. Tú perdonas, a ti te perdonan. Tú amas, nunca faltará quien te ame.

Recuerdo a quien en forma contraria expresa su resentimiento. Quienes continuamente dicen frases como: "Soy rencoroso(a) por naturaleza. Siempre he sido así y no lo puedo cambiar." "La que me la hace, me la paga." "Imposible perdonar un agravio así. Ojalá le vaya muy mal en su vida." "No me interesa perdonarlo. El mal está hecho y sufrirá toda su vida las consecuencias de sus actos."

Por supuesto que sobran las razones por las que una persona pueda o quiera expresarse así. Hay sujetos tan ruines y despiadados que hacen tanto daño y que no merecen ningún tipo de consideraciones. Sin embargo, estoy convencido de que las palabras tienen poder, y este tipo de palabras más, porque están basadas en el rencor, en el odio, en el coraje, lo cual es totalmente contrario al poder sanador del amor. Tener este tipo de emociones daña más de lo que nos imaginamos, pues si existía la mínima posibilidad de sanar tus heridas, con este poder adicional menos será posible.

Hay ofensas de tal magnitud que es imposible continuar la convivencia, pero sí el proceso de perdón. Perdonar no significa que las cosas sigan como antes. No significa tampoco que volvamos a ser la misma pareja que siempre fuimos o los grandes amigos incondicionales. No significa que sigamos juntos. Significa que estoy dispuesto a sanar mis heridas por medio del acto más significativo de amor que existe y que es precisamente perdonar.

Por último, te pido que cierres los ojos y mentalmente perdones los agravios que traigas en tu corazón. No importa que la persona que te hirió no esté presente; a lo mejor ya ni te recuerda, pero tú sí.

Mentalmente di: "Donde quiera que estés, te perdono y te libero." Obviamente, la persona que más se va a liberar en ese momento eres tú. Perdona, aunque al principio sea fingido tu perdón. No importa que sólo sea con palabras o pensamientos, aunque no lo sientas, son palabras que expresan tu voluntad de perdonar. Te aseguro que con el paso del tiempo verás los maravillosos resultados.

Cuando de verdad perdonas, se experimenta ese sentimiento de libertad, alivio y de paz interior. Vuelve la tranquilidad y la felicidad a tu alma. El dolor empieza a desaparecer. Recuerda que siempre después del perdón viene algo mejor. Te aseguro que el amor, la esperanza y la prosperidad empezarán a tocar a tu puerta

Hace tiempo leí una reflexión relacionada con el tema del perdón y me gustó mucho. Quiero compartirla contigo, por desgracia desconozco el nombre del autor:

El perdón nos libera de ataduras que nos amargan el alma y enferman el cuerpo. No significa que estés de acuerdo con lo que pasó, ni que lo apruebes. Perdonar no significa dejar de darle importancia a lo que sucedió, ni darle la razón a alguien que te lastimó. Simplemente significa dejar de lado aquellos pensamientos negativos que nos causaron dolor o enojo. El perdón se basa en la aceptación de lo que pasó.

La falta de perdón ata a las personas desde el resentimiento. Te tiene encadenado. La falta de perdón es el veneno más destructivo para el espíritu, ya que neutraliza los recursos El perdón es una declaración que puedes y debes renovar a diario.

Muchas veces la persona más importante a la que tienes que perdonar es a ti mismo por todas las cosas, las palabras que dijiste, o circunstancias que viviste y que no fueron de la manera que pensabas.

"La declaración del perdón es la clave para liberarte."

¿Con qué personas estás resentido?

¿A quién no puedes perdonar?

¿Tú eres infalible y por eso no puedes perdonar los errores ajenos?

Perdona para que puedas ser perdonado.

"Recuerda que con la vara que mides, serás medido..."

Aprende a vivir sin preocupaciones

Las preocupaciones son esas sombras que se adueñan de nuestra mente y nos guían hacia la oscuridad. Esos momentos no vividos pero que los hacemos realidad con el poder de nuestra mente. Te has puesto a pensar ¿cuánta pérdida de creatividad y energía significa estar preocupado por cosas que no han ocurrido y que, a lo mejor, jamás ocurrirán?

Al igual que con la ira, se consume tanta energía que bien podría destinarse a tantas cosas positivas como innovar, crear, amar. Te recuerdo, tu mente puede ser tu mejor amiga o tu peor enemiga. Preocuparte por cosas que no han sucedido es invitar a la negatividad y pesimismo para que gobiernen tu vida. Permitir que la incertidumbre se apodere de tu presente, te impide la posibilidad de disfrutar cada instante que es irrepetible.

¿Qué es la fe? Es creer sin haber visto. Es creer que nos espera un futuro mejor. Es confiar en nuestro Creador y poner los problemas que ya no dependan de nosotros en sus ma-

nos, creer firmemente que mi oración será escuchada, que se solucionarán de la mejor manera posible.

Cuántas veces al tener problemas dudamos de todo, incluyendo de nosotros mismos. Dudamos de nuestra capacidad de sobrellevar las adversidades, y el mejor ejemplo para medir nuestra fuerza es el pasado. Si hacemos un recuento de las situaciones difíciles que hemos sorteado, reconoceremos que la vida no ha sido fácil y, sin embargo, seguimos aquí. Dudamos del poder extraordinario que tiene la fe y el amor infinito de nuestro Dios quien *jamás permitirá un dolor más grande del que podamos soportar*.

Somos incongruentes al decir que creemos en un ser supremo que nos ama infinitamente y guía nuestros pasos, pero dudamos de su poder y sabiduría. No olvides la ley de la atracción. Pensar en lo que queremos que ocurra es mucho más conveniente que pensar en lo que no quiero que suceda. Al estar preocupándonos por situaciones agobiantes que no deseamos que ocurran, estamos promoviendo que sucedan: lo atraemos más.

Otorgamos poder a lo que más pensamos o a lo que más sentimos. La clave es precisamente pensar en lo que sí deseo que ocurra, en lo que verdaderamente quiero que suceda. No es fácil, requiere ejercicio diario. Por eso, no pierdas más tiempo dando rienda suelta al sinfín de posibilidades que pueden ocurrir. El futuro siempre es incierto.

El escritor y filósofo José Antonio Marina afirma que el miedo al futuro, como la mayoría de los miedos, no sólo es aprendido, sino que se puede *desaprender*. Esto es una gran verdad, pues en ocasiones es necesario *"aprender a desaprender"*. La mente tiende a irse al futuro, pero el cuerpo y las sensaciones están en el presente.

Tenemos cierta adicción a querer predecir lo que viene. Sería muy bueno que esas predicciones fueran optimistas, pero la gran mayoría de la gente agrega una dosis de fatalismo o posibilidad de carencia para el futuro. Cada vez que "observes" que la mente se preocupa por el futuro, conéctate con el momento presente: siente tu respiración, siente el contacto de tu cuerpo con el suelo, la silla o la cama en la que estés. Percibe los olores y los sonidos que te acompañan. Haz conciencia de que lo único que verdaderamente importa es siempre el presente.

Trátate como amor, no martirices a tu ser con lo que aún no a sucedido. No pierdas el tiempo pensando una y otra vez en las situaciones que pueden dañarte y, sobre todo, no lo atraigas a tu vida. Estoy convencido de que es muy difícil quitar de nuestra mente un pensamiento negativo, pero lo que sí es posible es cambiar un pensamiento negativo por uno positivo.

La mente es como una gaveta llena de cajones, puedo retirar un pensamiento negativo de uno de los cajones, pero debo de colocar algo en ese lugar. Hacer esto requiere de ejercicios mentales frecuentes. Cada vez que te asalte un pensamiento que signifique una preocupación por algo que probablemente no sucederá, dile a ese pensamiento: *No eres bienvenido, no te acepto.* Pero no te esfuerces en quitarlo, solo se irá, solo se esfumará. Dilo cuantas veces sea necesario. Repito, requiere ejercicio constante. Empieza hoy mismo a practicarlo y verás los magníficos resultados. Procura cambiar en este preciso instante ese pensamiento por algo que deseas que ocurra. Esa técnica ha sido para mí el mejor descubrimiento, porque ha regresado la paz que muchas veces perdí por lo que aún no sucedía.

Le digo al pensamiento que me atormenta: *No puedo hacer en este momento nada por ti.* ¡Y no le otorgo más poder!

Por naturaleza, tenemos miedo a lo desconocido. Tenemos miedo a las situaciones que no dependen de nosotros. Pero, ¿te has dado cuenta de que muchas personas no lo manifiestan porque de verdad han optado por vivir a plenitud la vida? Son grandes maestros de vida que con su actitud y su forma de reaccionar ante las adversidades nos dan la clave del buen vivir y muchas veces no aprendemos o hasta los criticamos por su poca capacidad de reaccionar ante lo incierto.

La primera persona que conocí así fue mi padre. Su capacidad de disfrutar cada instante, aun y con los graves problemas económicos que muchas veces padecimos. Verlo disfrutar un domingo en familia, contar chistes, reír espontáneamente y comer sin preocupaciones. Caminar con él y escucharlo hablar sobre lo maravilloso que era determinado paisaje y al día siguiente no tenía para pagar la luz, el agua, o las colegiaturas.

Sin embargo, disfrutaba *ese momento.* Decía: *Mañana será otro día y mañana tendrá su propia preocupación.*

Jamás etiquetaría esa actitud como irresponsable, porque su amor al trabajo era impresionante. Sin embargo, las cosas no siempre salían como él deseaba. Comía y dormía plácidamente, a pesar de las broncas que tenía encima, especialmente, las relacionadas con la manutención de una familia numerosa como la nuestra.

En muchas ocasiones, creí que mi padre fingía la felicidad con el fin de darnos una lección. Pero ahora que pasa el tiempo, y lo he visto padecer enfermedades graves y grandes pérdidas, lo he visto reaccionar igual; *con esperanza y amor a la vida*. Con la firme convicción de que los momentos no se repiten y que la vida hay que vivirla con intensidad.

Bendito legado que me has dado papá. Bendita forma de darme la lección más grande que pude haber recibido.

Concluyo, quienes saben evitar las preocupaciones modifican su forma de expresarse ante lo incierto y piensan o expresan frases como: "Lo que va a pasar, pasará." "¿Para qué me preocupo, si no puedo hacer nada para remediarlo?" "¿Soluciono el problema si me agobio?" "¿Gano algo si me preocupo?"

Estos maestros de vida han optado por vivir la vida con optimismo y enfrentar los problemas cuando se presenten. Prevén en lo posible los riesgos, pero sería imposible preverlos todos. Siempre hay una barrera que nos impide tener la plena certeza de que todo ocurrirá como lo pensé.

Cuando platiqué con un piloto de aviación comercial, él me decía algo que me dejó reflexionando por su relación con la preocupación. Los pilotos analizan, verifican, prevén que todo salga como ellos desean. Programan las computadoras de vuelo, pero siempre existe el riesgo de que algo pueda fallar. Para el piloto los momentos más críticos eran el despegue y el aterrizaje. El despegue, porque no se sabe cómo pueda responder el avión. Y el aterrizaje, por la destreza requerida para acercarse y entrar en la pista con la estabilidad y la velocidad debidas. Claro que siempre tiene la fe en que todo funcionará como es debido. Imagínate si todos los pilotos vivieran con una eterna preocupación de que los controles, las computadoras de vuelo y los demás sistemas funcionen correctamente.

De esa forma es también la vida. Se hace lo posible por hacer bien las cosas, pero siempre existirán los riesgos. Quiero compartir contigo otra estrategia que he descubierto para evitar estar preocupándome por tantas cosas que a lo mejor ni ocurrirán. Te pido que hagas un breve examen de conciencia y realices una lista de todas las preocupaciones que recuerdes y hayas tenido durante el último año. De las preocupaciones más desgastantes que recuerdes, situaciones que te dañaron mentalmente y que te quitaron la posibilidad de disfrutar muchos momentos. Ahora, dime ¿cuántas de esas preocupaciones se cumplieron? Te vas a sorprender de que muchas de esas no se cumplieran o no sucedieron con la gravedad que pensabas.

El miedo es una emoción natural, la clave es saberlo canalizar. Si el miedo o el estrés se apodera de ti, te recomiendo tres pasos sencillos pero muy prácticos para sobrellevar la adversidad:

* *Paso uno:* analiza la situación desde varios ángulos. No te dejes llevar por el pesimismo. Intenta fragmentar el problema en varias partes que sí puedas manejar. Cuando vemos un problema como un todo, sentimos que el obstáculo es muy grande. Recuerda, no es lo que te pasa lo que te afecta, sino como reaccionas a lo que te pasa.

* *Paso dos:* utiliza la respiración para recuperar tu armonía. Inspira y espira profundamente. Está comprobado que disminuye considerablemente tu nivel de estrés. Anda, hazlo conmigo. Inspira y espira. La respiración es la conexión entre la mente y el cuerpo. Inhala lentamente y muy profundo. Ahora retén el aire por varios segundos uno, dos, tres y exhala. Repítelo una y otra vez. El bienestar regresará a ti conforme lo hagas.

* *Paso tres:* empieza actuando y terminarás creyendo. Si tienes miedo, actúa como si no lo tuvieras. Actúa como si es-

tuviera todo bajo control. Te aseguro que habrá más posibilidades de que así las circunstancias salgan mejor. No se trata de engañar o querer enmascarar la realidad. Se trata de darle una ayuda a tu subconsciente para que no hagas más grande la situación de lo que realmente es. La gente optimista busca ayuda con el cuerpo y con las palabras para sentirse y verse mejor.

Si el día de hoy las cosas no han salido como has deseado, y alguien te pregunta ¿cómo estás?, tienes dos opciones: decir que estás muy mal, que todo te ha salido al revés, o que estás sumamente molesto por determinada razón. Esto es saludable siempre y cuando la persona que te preguntó sea alguien que puede hacerte sentir bien o solucionarte de alguna manera el problema. Además, sería muy saludable si esto ocurriera en el lugar y el momento correcto para decirlo, porque, a veces, un comentario así lo único que hace es promover en ti la lástima o la autocompasión. No niego que hablar de nuestras emociones y/o sentimientos siempre es de beneficio, pero hacerlo en el lugar, con la persona, en el momento y de la manera correcta. Andar por la vida enseñando las heridas y compartiendo los miedos a todo el mundo hace que te sientas peor. Hace que tu mente envíe mensajes a tu cuerpo de fatalidad. Se refleja en tu rostro, en tus palabras y en tus acciones. Y para colmo, le damos más poder al pensarlo y decirlo constantemente.

Por eso me gusta actuar en caso necesario. Procuro siempre contestar que ¡estoy muy bien! Y no es mentira, porque con el sólo hecho de poder contestar y estar vivo, ya es un gran avance. Estoy muy bien, comparado con muchas otras personas que sufren calamidades y penurias mucho mayores. Estoy muy bien porque mi fe me hacer creer que siempre hay esperanza.

Las situaciones que pueden causarme ansiedad o miedo, procuro analizarlas, tomar las medidas precautorias necesarias, analizar posibles soluciones. Si tiene remedio, hago lo que tenga que hacer. Si no depende de mí, en este momento, no le doy más poder con pensamientos ni palabras, y actúo como si todo marchara bien. Eso es más benéfico que estar compartiendo continuamente mi malestar.

Comparto un maravilloso poema hindú titulado "El gita simplificado":

> ¿Por qué te preocupas sin motivo?
> ¿A quién temes sin razón?
> ¿Quién te podría matar?
> El alma no nace, ni muere.
> Cualquier cosa que pase, pasará por tu bien;
> lo que esté sucediendo, está sucediendo para bien;
> lo que vaya a pasar, también pasará para bien.
> No debes lamentarte por el pasado.
> No debes preocuparte por el futuro.
> El presente está sucediendo...
> ¿Qué pérdida te hace llorar?
> ¿Qué has traído contigo?
> ¿Qué crees que has perdido?
> ¿Qué has producido?
> ¿Qué piensas que se ha destruido?
> No has dado nada, no has traído nada contigo,
> cualquier cosa que poseas, la has recibido aquí.
> Cualquier cosa que hayas tomado, la tomaste de Dios.
> Lo que sea que hayas dado, se lo has dado a Él.

Llegaste con las manos vacías,
y regresarás con las manos vacías.
Cualquier cosa que poseas hoy,
pertenecía a otra persona el día de ayer,
y pertenecerá a otra el día de mañana.
Erróneamente has disfrutado de la idea
de que eso te pertenece.
Es esta falsa felicidad la causa de tus penas.
El cambio es la ley del universo.
Lo que consideras como muerte es en realidad la vida.
En cualquier momento puedes ser un millonario,
y en el siguiente puedes caer en la pobreza.
Tuyo y mío, grande y pequeño, borra esas ideas de tu mente.
Entonces todo te pertenecerá y serás dueño de todo.
Este cuerpo no te pertenece, tampoco eres de ese cuerpo.
El cuerpo está hecho de fuego, agua, aire, tierra y éter,
y retornará en estos elementos.
Pero el alma es permanente, así que, ¿quién eres tú?
Dedica tu ser a Dios.
Él es el único en el que debes confiar.
Quienes conocen esta verdad
son para siempre libres de temor, preocupación y dolor.
Hagas lo que hagas, hazlo como una ofrenda a Dios.
Esto te llevará a experimentar la alegría,
la libertad y la vida por siempre.

Por el placer de comer: somos lo que comemos

Al finalizar una de mis conferencias se acercó una mujer a decirme que indudablemente todos los conceptos que había escuchado le habían llegado fuertemente. Que reconocía la urgente necesidad de tomar cartas en el asunto en relación a decidir ser feliz. A sus 45 años, sentía que su edad aparente era mucho mayor. La jovialidad que le había acompañado durante toda su vida prácticamente había desaparecido.

El sobrepeso era evidente en ella. Había subido casi veinte kilos en dos años y el entusiasmo por atender a su esposo y a sus cuatro hijos había disminuido. Cuando le pregunté desde cuándo se sentía así, me contestó que tenía un año. Su alimentación reciente se basaba en comida rápida, además de estar obsesionada con los refrescos de cola, con los helados, las frituras.

No le gustaban las frutas y mucho menos las verduras. La relación era evidente. Su alimentación distaba mucho de ser algo saludable. Recordé a una maestra de la facultad de

Medicina que continuamente decía: *no alimenten su cuerpo con mugrero, porque tarde que temprano convierten a su hígado, cerebro, corazón, riñones y demás órganos en mugrero*.

Las células absorben todos los escasos nutrientes que contienen esos alimentos de dudosa calidad y, por lo tanto, se manifiesta en cansancio general y falta de energía. Si alimentas tu cuerpo con *"lo que sea"*, conviertes tu vida en *"lo que sea"*. Por supuesto que somos lo que comemos. Un cuerpo alimentado con alimentos chatarra, grasas al por mayor, azúcares, endulzantes artificiales y alimentos procesados, se traduce en malestar y poco entusiasmo por la vida.

LA OBESIDAD, UN PROBLEMA DE PESO PARA MANTENER UNA ACTITUD POSITIVA

Un amigo tiene una frase para referirse a quienes dicen que están gordos, pero no saben por qué. Él dice: "Los cuerpos no mienten", sobre todo cada vez que ofrece algo de alimento a alguien y este último se niega. Sonriendo dice: "Por favor, no te hagas de la boca chiquita, los cuerpos no mienten." ¡Y claro que no mienten!

A quien come mucho, su cuerpo lo delata. Quien no toma agua, su piel lo refleja, se ve áspera, más arrugada por más crema humectante que se aplique. Quien no come frutas o verduras, se nota en la lozanía de su piel y en su mirada. Quien basa su alimentación en el consumo excesivo de carne, suda diferente, por no decir desagradable. El humor de su cuerpo lo delata e incluso hay estudios que afirman que quien come en exceso carne tiene reacciones abruptas y agresivas. ¿Será verdad? Por algo los animales carnívoros son agresivos.

Yo no puedo dejar que el libro concluya sin incluir algunos consejos que te ayuden a disfrutar intensamente al vida, pero cuidando al mismo tiempo tu cuerpo. Si has llegado a la conclusión de que no comes adecuadamente, que padeces de cierto sobrepeso, te pido que modifiques tus hábitos de comer para que contribuyan al placer de vivir.

El problema del sobrepeso en México es un asunto grave debido a que setenta por ciento de la población mayor de 20 años lo padece; paradójicamente, una persona con sobrepeso es alguien mal nutrido. Hasta el día de hoy, estamos en segundo lugar mundial, el nada honorable primer lugar lo tiene Estados Unidos. Pero en obesidad infantil, México ocupa el primer lugar. Esta situación puede ser interpretada por ti de dos maneras: si tanta gente tiene obesidad, ¡pues yo también! Uno más, pues, ¿qué importa? O la segunda manera es decir enérgicamente ¡yo no quiero ser más parte de esta estadística! ¡Hoy he decidido mejorar mi alimentación!

Según los datos del Instituto Nacional de Salud Pública, actualmente más de setenta millones de mexicanos tienen problemas de sobrepeso u obesidad; de éstos, cuatro millones son niños y cinco millones adolescentes. Aproximadamente, siete de cada diez personas la padece, y si lo que queremos es mejorar nuestro estado de salud para dar lo mejor de nosotros mismos o disfrutar más la vida, estas cifras no son nada alentadoras. Si no se modifican estos hábitos de consumo, en diez años noventa por ciento de la población sufrirá obesidad y sobrepeso.

Te acuerdas que anteriormente veíamos a un niño gordito y decíamos: "¡Mira, que niño tan sanito!" Sin embargo, ahora tú y yo sabemos que los malos hábitos alimentarios tienen múltiples consecuencias en nuestra salud, trayendo consigo un importante número de complicaciones asociadas a esta enfermedad, incluyendo la vejez prematura (se ve mayor por fuera y está más *cacheteado* por dentro) y, por qué no decirlo, estar obeso o desnutrido puede hacernos llegar a la muerte antes de tiempo, ya que está comprobado que, en promedio, una persona con obesidad vive siete años menos, por la falta de fuerza del corazón para enviar sangre a más masa corporal. A todo esto debemos sumar los problemas de índole social y psicológica. ¿Cuántos niños y adultos son objeto de burlas injustas? Esto conlleva a graves problemas emocionales. Me impresionó ver un documental distribuido por una importante cadena de televisión de los Estados Unidos, donde muchos niños sufren por el hostigamiento y discriminación hacia su persona a causa de los problemas de sobrepeso o bajo peso. Hay casos extremos de suicidios por no poder sobrellevar la presión que significan las burlas y humillaciones. Esto obviamente sucede en todo el mundo y es un problema sumamente grave. Claro que los que son o fueron gorditos en su momento se justifican con frases que ayuden de alguna manera a superar el conflicto como: "¡Más vale gordito feliz que flaco hambreado y desteñido!" "¡Al cabo, así me quieren!" "¡Si me van a querer, pues que me quieran como soy!" Tú y yo sabemos en el fondo que todo esto lo exclamamos para justificarnos y evitar tomar cartas en el asunto, por el estado de comodidad en el que vivimos. Todo cambio requiere esfuerzo, pero a veces no estamos dispuestos a pagar el precio.

Dicen que lo que no se mide, no se valora. Así que ahí te van otros porcentajes importantes relacionados con investigaciones recientes sobre este tema. El sobrepeso:

* Quince por ciento de la población dedica más de dos horas diarias a ver la televisión. Entre más tiempo estemos inactivos, más acumulación de grasa habrá.

* Sesenta y cinco por ciento de la gente opina que una persona delgada lo tiene más fácil a la hora de encontrar un trabajo, que una persona con exceso de peso.

* ¿Sabías que setenta y dos por ciento de hombres y mujeres cree que el exceso de peso es un impedimento a la hora de encontrar pareja sentimental? Y si eso cree, lo transmite, el problema es que lo decreta y por lo tanto, se hace real.

* De las personas con sobrepeso, sólo cincuenta y siete por ciento ha intentado solucionar su problema.

Además de la dieta alta en grasas saturadas, azúcares, baja en fibra, baja en vitaminas y minerales, prevalece el sedentarismo en el país. ¿Sabías que la obesidad tiene mayor riesgo en la mujer? Esto es debido a dos circunstancias: primero que con cada embarazo aumenta en promedio tres kilos de peso (claro hay algunas que aumentan mucho más); y, segundo, que ahora la mujer a ingresado a las actividades laborales donde antes no participaba, y esto ocasionó que dejarán de realizar actividades físicas desempeñadas en el hogar.

Asimismo, hemos dejado de hacer algo más importante: enseñar a comer a las nuevas generaciones, un rol atribuido a la mujer. Pero como muchas veces la mujer moderna trabaja, no tiene el mismo tiempo para verificar la calidad de la comida que proporciona a sus hijos, y la vida acelerada hace que, a final de cuentas, se esté propiciando el aumento drástico de la obesidad infantil.

Recientemente grabé un CD donde hablo a fondo sobre este tema. No puedo pasar por alto hacer unas recomendaciones breves que te ayudarán a tomar decisiones certeras, prácticas y oportunas para mejorar tu alimentación, tener una mejor calidad de vida y, por lo tanto, disfrutar del placer de vivir. Por ello, quiero presentártelo en diez pasos simples:

*PRIMER PASO. Para comer saludablemente toma
la decisión y convéncete.*

Recuerda que tus decisiones y no tus habilidades son las
que definen lo que eres y quien eres. No inicies un régimen
para tener una mejor calidad de vida por medio de la alimentación en forma obligada. Cuando una persona *decide*
comer saludablemente para bajar de peso, es mejor hacerlo con la consigna de que es para sentirse mejor y para ganar salud. Sin embargo, las investigaciones dicen que casi
la mitad de la gente lo hace por cuestiones estéticas y no por
salud. Claro que no es malo, pero cuando te convences cambiar por vivir mejor y por más tiempo ¡batallas menos!

Más que una imagen, *¡somos personas!* Somos más que un
prototipo de belleza temporal. En una ocasión, un taxista en
la ciudad de México al ver que cruzó la calle una mujer obesa me dijo: "Mire, esa mujer siendo gorda, se quiere." "¿Cómo lo sabes?", le pregunté. "Porque esa mujer es una *gordibuena*", me dijo. "¿Una qué?", pregunte nuevamente. "Una
gordibuena." Y empezó una cátedra sobre un prototipo de
mujer obesa que, según él, se acepta como es. Se saca provecho al máximo, perfume, cabello, piel, contoneo y demás,
y no siente el problema de su obesidad como obstáculo para
ser feliz y lograr lo que quiere.

Después de esa información, bastante original por cierto, me puse a analizar a la gente y, en efecto, encontré casos
y más casos de mujeres así. Tengo que reconocer que no he
identificado lo mismo entre el sexo masculino. Sólo en mujeres que se sienten felices con su condición y, no sólo eso,
lo demuestran con sus actitudes. Concluyo: *Si así te quieres
y así eres feliz, ¡qué bueno!* Esto me recuerda a mi tío Felipe,
quien durante muchos años sufrió a causa de enfisema pul-

monar, pero nunca quiso (o no pudo) dejar el cigarro. Cuando alguien lo cuestionaba sobre por qué no dejaba el cigarro, él aclaraba que ése era *su placer*, que si algo le proporcionaba mucho gusto era precisamente fumar; que los pocos días que le quedaran, los iba a disfrutar con sus gustos o sus vicios. Como médico, tengo que aclarar que no comulgo con su idea pero, paradójicamente, mi tío es una de las personas que conozco que más disfruta el placer de vivir.

Para concluir el tema de las *gordibuenas* (con todo respeto), afirmo que quien se acepta como es, se quiere y siente que en realidad tiene el cuerpo que desea, tiene mucho más pegue que muchas mujeres de cuerpo atractivo, pero que nunca se sienten lo suficientemente bellas porque se buscan defectos que les impiden aceptarse. ¿Conoces a alguien así? Yo sí. Sus actos, sus palabras denotan su baja autoestima. Te acuerdas de la frase que dice: *"Verbo mata carita"*, la cual se refiere a la gente que tiene buena plática y puede llegar a tener más atracción que quienes se jactan de tener belleza física. Bueno, yo le agregaría a la frase: "Autoestima alta, mata verbo y carita."

Si sabemos que nos queremos, decidimos que nos merecemos lo mejor; dentro de lo mejor está sentirnos bien y gustarnos a nosotros mismos, antes que pensar en sólo gustarle a los demás. Algunas veces postergamos nuestras decisiones por desidia, flojera, miedo al cambio, por falta de seguridad, por falta de convencimiento, o por una ausencia de compromiso, entre muchas otras razones. ¿Sabes cuál es el precio de la indecisión? La frustración por no intentar las cosas y la sensación de vacío en nuestro interior. Cuántas personas pasan por esta vida sólo como observadores, y dejan pasar en su vida toda clase de circunstancias sin tomar la decisión que marca una gran diferencia: ¿me conviene comer esto? O ¿tomo la decisión de no aceptarlo? Si no tomamos decisiones correctas, nos convertimos en presa fácil de todo lo que nos ofrecen en los medios de comunicación. No te dejes llevar por el *¿por qué yo no?* si todo mundo lo come.

Cuando nos ponemos a dieta, lo más común es que digamos: *"Tengo* que bajar de peso."* La palabra *tengo* te hace sentir obligado a hacerlo como en *"tengo* que estudiar".* Te recomiendo que sustituyas la palabra *"tengo"* por la palabra *"quiero"*, ya que quiero se trata de una palabra que te motivará a la acción y te ayudará a alcanzar tus deseos. En lugar de decir *"tengo* que ir a visitar a mi suegra",* mejor di: *"Quiero* visitar a mi suegra, me encanta visitarla",* (bueno, ya es mucho... con eso de quiero basta...). No digas: *"Tengo* que ir a trabajar."* Es mejor decir: *"¡Quiero* ir a trabajar!"* Por lo tanto, evita decir: "Tengo que bajar de peso." Sustituye esta idea por: *"¡He decidido, y quiero, bajar de peso!"*

Recibiste un cuerpo al nacer. De ti depende cuidarlo y amarlo en lugar de dañarlo. Recuerda que será tuyo por toda tu vida en la Tierra. Por tu bien, ¡decide! Pero decídelo con alegría y convicción, porque de esto dependerá el éxito para llegar a tu meta que es disfrutar más la vida.

Vincent Lombardi, un exitoso entrenador de futbol americano, compartió una frase que se hizo célebre: *"La diferencia entre una persona exitosa y las demás no es la falta de fuerza, ni de conocimiento, sino la falta de voluntad."*

SEGUNDO PASO. Recuerda el poder que tiene tu mente.
Tú sabes que tu mente es tu aliada o tu enemiga. Te pido que pienses qué sucedería si no iniciaras hoy mismo un régimen para bajar de peso; ¿cómo te verías en cinco años, si ca-

da año subieras diez kilos? Súmale cincuenta a los que tienes ahora. No me digas que no percibes una horrible sensación. Lo que quiero demostrar con esto es que yo te acabo de pedir que pensaras en algo y ese pensamiento provocó en ti un sentimiento (por cierto, muy desagradable). Es decir, un sentimiento provoca siempre una acción. Espero que la acción de este pensamiento y sentimiento sea precisamente tomar cartas en el asunto para que bajes de peso ¡ya! Reitero: un pensamiento provoca un sentimiento, un sentimiento provoca una acción. Por lo tanto, ¿cómo puedo convertir a mi mente en mi aliada o amiga en este proceso? Cambiando mis pensamientos. ¡Claro! Debo evocar pensamientos positivos que me ayuden a sentirme bien y a actuar mejor.

El poder de la mente subconsciente llega a tal grado que un estudio reciente dice que imaginar que uno come ayuda a comer menos. La Universidad de Carnegie Mellon en Pittsburgh reportó una investigación sumamente original. Cuando la gente se visualizó comiendo dulces o trozos de queso, bajó su tendencia a atiborrarse con el alimento real. Esta *"dieta mental"* suena extrañamente contraria a las expectativas o condicionamientos sobre el tema: pensar en comida da más ganas de comer. De hecho, hay un fenómeno conocido como *sensibilización*, que dice que si imagino que como chocolate, aumentan mis ganas de comerlo; tal pensamiento provoca que se nos haga "agua la boca". No obstante, ese efecto es compensado por otro fenómeno llamado *habituación*. Al igual que uno se acostumbra a las luces intensas y a los malos olores, también se habitúa a la comida a medida que la ingiere. Comer algo que nos gusta mucho con cierta frecuencia termina por hartarnos. Comer mucho mentalmente disminuye la intensidad del gusto por ese alimento.

La *habituación* suele ser considerada como un proceso motivacional. Para habituarse a un alimento, pensar en él vagamente no bastaría; si quieres bajar tu impulso por comer tanta carne, imagina que comes el bistec bocado por bocado. Eso ayudará a disminuir la ansiedad por comer en forma exagerada. ¿Será posible? Aunque el estudio me parezca muy interesante, la mejor manera de constatar su veracidad es ponerlo a prueba. ¡Adelante!

Nuestra mente subconsciente tiende a absorber toda clase de pensamientos y afirmaciones. Esos pensamientos y afirmaciones hacen que nos sintamos bien o mal. Puedes ayudarte a comer mejor, si usas decretos en los que afirmes que deseas comer más sano: *"Deseo comer más sano porque me quiero, me valoro, respeto mi cuerpo, y además porque me merezco estar mejor y verme mejor."*

Por lo tanto, te recomiendo que no te estés "tirando al suelo" continuamente, ni que hagas preguntas lastimeras que bajan de forma considerable tu estado de ánimo y autoestima; por ejemplo: "Mi amor: ¿me veo muy gorda?" ¡Pero qué manera de poner en aprietos a la gente! Ni modo de que te digan la verdad. Porque si esa persona te contesta: "Mira chiquita, te ves un poquito llenita." ¡Es razón suficiente para hacer un dramón! Y escuchar posteriormente: "ya no me quieres…"

Si nosotros sabemos que nos queremos, decidimos que nos merecemos lo mejor, y dentro de lo mejor está sentirnos bien y gustarnos a nosotros mismos antes que pensemos en sólo gustarle a los demás. Utiliza otros decretos que te ayuden a fortalecer este pensamiento: *"¡Yo puedo, yo quiero y yo voy a lograrlo!", "Si otros han podido, ¿por qué yo no?", "¡Me siento bien y con ganas de seguir!", "¡Cada día que pasa, me siento mejor y más motivado!"*

Estés o no convencido con esto que acabas de afirmar, te aseguro que tu mente subconsciente ya lo aceptó como una realidad. Recuerda, el subconsciente se cree todo lo que le digas, bueno o malo; esas creencias hacen que te sientas bien o mal y tomes acciones para continuar o desertar.

Con frecuencia expresa afirmaciones o decretos que te hagan sentir mejor. Ve al espejo y di frases que te motiven y te ayuden a continuar: *"Deseo comer más sano porque me quiero, me valoro, respeto mi cuerpo, y además porque me merezco estar mejor y verme mejor."*

El filósofo William James dijo: "El descubrimiento más grande de mi generación es que un ser humano puede modificar su vida, cambiando su actitud mental."

TERCER PASO. *Visualízate*

¿Pregúntate qué quieres y qué te motiva a intentarlo? Una meta es un sueño que tiene una fecha concreta para convertirlo en realidad. Fíjate una meta para alcanzar ese estado ideal, ya sea bajar o subir de peso, hacer ejercicio o sentirte mejor. En otras palabras, cuando decimos: "Mi sueño es sentirme mejor", esta idea se puede quedar sólo en un sueño. Pero si decimos: "Mi meta es bajar de peso", significa que ya tenemos en mente una fecha para cumplirlo, y la cantidad de kilos que queremos perder. ¿Qué talla deseas ser? Pensar esto te ayudará a recordar siempre ¿para qué quieres bajar de peso? Puede ser una meta por un proyecto específico a corto plazo, por ejemplo: *"Para verme mejor en esa fiesta especial como la graduación", "Para el día de mi boda", "Para los quince años de mi hija", "Para verme mejor en la playa durante ese viaje que tanto he deseado."* Ahora imagina que bajas de peso para siempre. ¿No crees que sea mejor esa meta? ¿En qué te enfocas usualmente? ¿En lo que no puedes o en lo que sí puedes? Enfócate en los "yo puedo" y pregúntate: "¿Cuál es mi meta? ¿Cómo me quiero ver y sentir?" Trata de que puedas medir tu meta porque si no, ¿cómo sabrás que ya llegaste?

Te pido que pienses ahora mismo cuál es tu meta: ¿bajar diez o quince kilos?, ¿correr cuántos kilómetros?, ¿cuándo quieres alcanzar tu meta? Recuerda que la meta debe ser proporcional al tiempo en que quieras lograrla. Y, claro, la pregunta más importante es ¿qué voy a hacer para cumplir mi meta? Por supuesto que todos tenemos una lista de pretextos para no cambiar o no realizar una determinada acción. Cambia tus pretextos por *intenciones positivas*. Visualízate comiendo saludable, beneficiándote a ti y a quienes más amas. En este momento, visualízate más saludable como una persona más activa, con más energía.

Nuevamente, es buen momento para agregar a esta visualización frases que alimenten tu subconsciente:

"Deseo verme y sentirme mejor, porque me quiero, me valoro y respeto mi cuerpo. Porque me merezco estar mejor y verme mejor, por eso estoy convencido de comer más saludablemente."

"Cuando como saludable y me mantengo en actividad, puedo sentirme con más energía y disfruto más la vida."

Nuevamente visualízate: ¿cómo serás cuando llegues a tu meta?, ¿cómo te sentirás una vez que la hayas logrado?, ¿en dónde estás?, ¿con quién?, ¿cómo te ves?

Zig Ziglar el escritor y conferencista estadounidense dijo: *"Lo que tú obtienes al lograr tus metas no es tan importante como la persona en que te conviertes al lograrlas."*

CUARTO PASO. Más vale despacio pero seguro. ¡Persevera!

Bien lo dice el refrán: *"Más vale paso que dure y no trote que canse."* Te recomiendo que traces metas pequeñas a corto plazo. No creo que los cambios repentinos ayuden a perseverar en un propósito tan importante como mejorar nuestra alimentación. De la noche a la mañana puede ser un suplicio. Empieza por mejorar lo que comes en el desayuno. Posteriormente, retira los refrescos y sustitúyelos por agua natural o de frutas. Luego, modifica la forma en la que elaborarás los alimentos. Analiza el tipo de aceite con el que cocinas, empieza por comer más verduras y frutas. Los cambios siempre son fructíferos cuando se hacen en forma escalonada.

No olvides que cada organismo es diferente. Cuando nos ponemos metas, como querer bajar diez kilos en dos semanas y vemos que no fue posible, ¿qué sucede? ¡Claro! ¡Nos frustramos y ya no queremos seguir! Pero si logramos bajarlos, seguramente no fue por medio de una dieta adecuada, pues las dietas milagrosas y rápidas, generalmente, son poco balanceadas y dañan nuestra salud, como lo veremos más adelante.

Es mejor que aprendamos a hacer cambios en nuestra alimentación que no sean sólo para un día o dos, sino para siempre. Al iniciar un proceso de nueva alimentación, deberás tener como objetivo "modificar hábitos"; al lograr esto, por consecuencia, conseguirás bajar de peso y sentirte mejor. Ahora comparto contigo la fábula de la tortuga y la liebre:

Había una vez una tortuga y una liebre que siempre discutían sobre quién era más rápida. Un día decidieron competir en una carrera. Eligieron una ruta y comenzaron la prueba. La liebre arrancó a toda velocidad y corrió enérgicamente durante algún tiempo. Luego, al ver que llevaba mucha ventaja, decidió sentarse bajo un árbol para descansar un rato, recuperar fuerzas y luego continuar su marcha, pero pronto se durmió. La tortuga, aunque andaba con paso lento, la alcanzó, la superó y terminó primero, declarándose vencedora indiscutible.

La moraleja es muy clara: "la perseverancia y no la rapidez nos ayuda a alcanzar nuestras metas." Recuerda que en la historia existieron personas que lograron vencer múltiples adversidades y perseveraron en perseguir sus ideales. Una muestra es la súper estrella del basquetbol Michael Jordan. ¿Sabías que cuando era niño fue expulsado del equipo de basquetbol de la escuela por ser "mal elemento"?

O como Winston Churchill, quien repitió el sexto grado, pero años más tarde fue primer ministro de Inglaterra, luego de una vida llena de obstáculos. O bien, Albert Einstein quien no habló hasta los 4 años y aprendió a leer hasta los 7 años. Y para colmo, una maestra lo calificó como niño con "lento aprendizaje". Einstein fue expulsado de la escuela y no fue admitido en el politécnico de Zurich.

En 1876, cuando Alexander Graham Bell invento el teléfono, buscó quién le financiara el proyecto. Al respecto, el presidente Rutherford Hayes dijo: *"es un invento extraordinario, pero ¿quién lo va a usar?".*

Thomas Alba Edison hizo dos mil experimentos para inventar la lámpara. Un día, un joven reportero le cuestionó si se sentía mal por tantos fracasos, a lo que él contestó: *"No fracasé ni una sola vez, porque descubrí las dos mil maneras de cómo no se hace una lámpara."*

Tú sabes que el compositor Alemán Ludwing Van Beethoven quedó completamente sordo a los 46 años. Y aún así, compuso una buena parte de sus obras, incluyendo tres sinfonías en los últimos seis años de su vida.

Entonces, si ellos han podido lograr lo que se propusieron a pesar de todos los obstáculos, ¿por qué tú no? Recuerda lo que escribió el gran escultor y pintor Miguel Ángel: *"Las grandes obras de arte son el resultado de muchos pequeños detalles."* ¿Y sabes qué? ¡Tu cuerpo es una gran obra de arte!

QUINTO PASO. *Vence los obstáculos*

Acéptalo, vas a encontrar obstáculos en tu camino. Es parte del proceso para lograr lo que te has planteado. Nadie dijo que vivir era fácil, y cuando se trata de un reto tan importante como comer saludablemente, es obvio que habrá obstáculos. Una buena estrategia que te puede ayudar es escribir cada logro o cada éxito que has tenido al vencer una dificultad. Por ejemplo, cuando estés frente a cualquier comida que te aleje de tu plan de alimentación, escribe si lograste vencer la tentación. Ya sabes que nunca falta en el camino la típica amiga que se entera que estás en un régimen para adelgazar y, ¿qué te dice?: "¡Para qué! ¡Así estás muy bien! Cómete sólo una donita…. ¡En mi casa no me desaires! ¡Ni necesitas bajar de peso, Rosa María! Además esos cachetes se te ven re-bien. Mira, si adelgazas, ¡te vas a colgar toda! ¿Te acuerdas de Bertha? ¡Ahí la vez, bien flaca (según ella) pero toda avejentada!" ¡Con esas amigas, para qué quieres enemigas!

Por lo tanto, te sugiero que para evitar o vencer este tipo de retos, no publiques que estás a dieta. Involucra sólo a quienes te aman o a quienes, como tú, están en un régimen similar. Con el paso del tiempo aprendí que cuando iniciamos un proceso de "modificación de hábitos" hay dos factores importantes que nos ayudarán a tener éxito:

* El primero es involucrar a la familia, a las personas que viven contigo o a quienes te han demostrado su cariño y amistad. Ellos pueden convertirse en tus mejores aliados, pueden animarte constantemente. Involúcrate con personas que están intentando o hayan logrado mejorar su actitud y su salud gracias a la alimentación saludable. Te aseguro que serán un aliciente enorme en tu vida.

* El segundo es no comunicar tu proceso a quien no sea necesario. Pues como comenté anteriormente, en la mayoría de las ocasiones tratarán de convencerte de que no lo necesitas, no de mala fe sino en su afán de hacerte sentir bien. Cuando te veas en la necesidad de no aceptar alguna comida que te ofrezcan porque va en contra de tu régimen alimentario, la mejor opción es decir amablemente *"No, gracias, estoy satisfecho"*, sin dar mayor explicación. Recuerda: explicación no pedida, acusación manifiesta.

A veces sentimos impotencia por no comer lo mismo que los demás; por tener que decir un *"No, gracias"*, cuando en serio se nos antoja muchísimo eso que nos ofrecen. Pero si recordamos cuánto nos aleja de nuestro propósito caer en las redes de ese pastel, de una comida con exceso de grasa y nos inspiramos en nuestro acercamiento al objetivo de sentirnos comiendo mejor, entonces nos motivaremos a seguir luchando por alcanzar ese resultado que nos dará a largo plazo un gran beneficio.

Hagamos todo lo que esté en nuestras manos para evitar que nos desvíen de nuestro propósito. Sólo quien nos ama de verdad nos apoyará para vernos sanos y felices.

Cada vez que hagas una caminata o ejercicio y hayas vencido a la flojera, anótalo. Haz lo mismo cuando cumplas con el plan del día al comer de forma sana. Escribe estos sucesos como pequeños grandes logros que te van acercando más a tu meta; eso te motivará a continuar, aumentará tu autoestima y te hará sentir que tienes más control de tus decisiones. Destina una libreta especial donde escribas cada obstáculo que estás dispuesto a vencer cada día con la finalidad de acercarte a eso que tanto deseas. ¡Escribe esa tentación que venciste hoy!

Tú eres responsable de tu vida. Los pensamientos negativos te impiden tomar esa responsabilidad. Ponle nombre a las razones por las cuales quieres cambiar. Planea tu menú. ¡Levántate y no pongas excusas! Tus decisiones reflejan lo que eres y lo que quieres hacer. No olvides que existe otro obstáculo al que te puedes enfrentar: el miedo. Me refiero tanto a los miedos pasados como a los presentes. Tú sabes que el miedo paraliza e impide la armonía. Recodar el pasado en el cual no fue posible lograr algo puede interferir en tu presente. Ten fe. Es el momento de demostrar que crees en ti y crees en un poder superior que te dio la vida para ser feliz y vivir plenamente. Di: ¡Sí puedo!

Te pido que recuerdes a las personas que han logrado llegar a su meta, obviamente después de haber hecho el esfuerzo. ¿Cómo están? ¿Cómo se sienten? ¿Cómo ha cambiado su vida? Recuerda a esas personas que lo lograron, con el fin de vencer cualquier obstáculo que se te presente.

¡No desistas! A pesar de que no hayas logrado vencer una tentación de alimentos chatarra suculentos que se "te atravesaron en tu camino". Lo importante es esforzarte cada día para mejorar tu calidad de vida al cambiar tu alimentación.

Dice André Gide, escritor francés: *"El secreto de la felicidad está en no esforzarse por el placer, sino encontrar el placer en el esfuerzo."*

SEXTO PASO. Cuidado con las dietas de moda

Esas dietas que la gente te recomienda, y que, generalmente son conocidas como "milagrosas", no son balanceadas ni mucho menos saludables. Cada organismo es diferente, por lo tanto, no te dejes llevar por las dietas de moda. Sabemos que estar en forma se ha convertido para muchas personas en la consigna de los tiempos modernos, pero no busques sólo lucir bien, sino vivir saludable. Recuerda que el sobrepeso es considerado como una enfermedad, que atenta contra la salud y favorece el desarrollo de otros males como la diabetes, la hipertensión, el aumento del colesterol y, en casos extremos, infarto al corazón.

La clave para comer mejor y bajar de peso es modificar nuestros hábitos. Reducir calorías sin quitarle al cuerpo los nutrimentos que requiere. Bajar de peso no significa tener que estar muriéndose de hambre o dejar de comer, sino aprender a comer.

Por ejemplo, las dietas drásticas que sólo permiten consumir frutas o verduras son prácticamente imposibles de cumplir. O bien, las que favorecen un tipo de alimento, las que son bajas en carbohidratos (o sea, las dietas de grasas), a largo plazo son perjudiciales para la salud.

Está comprobado que al reducir veinticinco por ciento la ingesta de calorías se asegura una pérdida progresiva del peso. Sin embargo, no hay que olvidar que toda dieta debe ir acompañada de una rutina de ejercicios aeróbicos para facilitar ese efecto, y así mantenernos en buen estado. Aprender a reemplazar lo que comemos es la forma correcta para reducir el consumo de calorías y perder kilos de una manera segura y saludable. Entonces, para bajar de peso, la regla de oro es: disminuir o restringir el consumo de grasas, sobre todo las saturadas de origen animal, que son dañinas para el organismo.

Recuerda, todo se puede comer, *la clave está en la medida de cada alimento*.

¿Cuántas mujeres vemos que le piden a la luna que les haga el milagro de bajar quién sabe cuántos kilos en un día, para ponerse el vestido talla cinco, y se matan de hambre tomando sólo agua? ¿Y la luna qué culpa tiene de que no los bajen, si un día antes se tragaron diez tacos de chicharrón?

Así podemos enumerar muchas más dietas "mágicas" en las cuales las personas ponen todas sus esperanzas: "la dieta de los tres días", "la dieta de tomar sólo un jugo en la mañana", y muchas otras más.

Por otra parte, me sorprende la gran cantidad de personas que quieren adelgazar utilizando aparatos que se venden en los medios de comunicación, los cuales piden "el mínimo esfuerzo" para conseguirlo; te auguran bajar de peso sin complicaciones, sin cansarte, casi te dicen: "Adelgace acostado, comiendo". ¡Por favor! ¡Lo bueno cuesta! Lo que no cuesta un sacrificio no se valora.

El historiador Tito Livio dijo lo siguiente: "Cualquier esfuerzo resulta ligero con el hábito."

SÉPTIMO PASO. Elige bien lo que consumes

Es impresionante cómo a veces cuidamos más el tipo de mantenimiento que le damos a nuestro automóvil que a nuestro propio cuerpo. Un buen amigo, conocedor de automóviles, me compartía la mala manía entre muchos dueños de autos que consiste en no dar el mantenimiento correcto al auto que, con tanto esfuerzo, compraron (e inclusive pagaron durante muchos años).

Me explicaba que, no obstante el daño que hacemos al planeta al no afinarlo como es debido, el motor se deteriora más rápido si no se le cambia el aceite en un periodo determinado, pues la gasolina de bajo octanaje le resta potencia al motor. Cualquier similitud con nuestro organismo no es coincidencia. La gasolina y el aceite pueden ser perfectamente comparados con el alimento que consumimos. Tu cuerpo está compuesto por millones de diminutos motores energéticos que son tus células, de los cuales depende tu vida y tu capacidad de estar en acción. Ellas también requieren de la "gasolina" con el octanaje adecuado y del "aceite" que les permita funcionar en óptimas condiciones. Sin embargo, hay a quienes poco les importa lo que ingieren. Lo que comes es relevante en tu vida, tiene un impacto sobre tu bioquímica y, en última instancia, sobre tu vitalidad y tu entusiasmo por la vida.

¿Qué es más valioso, tu automóvil o tu cuerpo? ¿De qué calidad es el alimento que le suministras a tu cuerpo?

Te recomiendo que elijas productos que te hagan sentir con más energía. Aprende a sustituir alimentos con alto contenido calórico por alimentos más sanos. Por ejemplo, consume alimentos descremados que tienen menos grasa. Sustituye:

* Papas fritas por papa al horno.
* Salsas de queso o aderezos por salsa de verduras.
* Frituras por alimentos hervidos o tostados.

De esta forma, reducirás calorías sin disminuir la cantidad de lo que comes. Olvida el mito de que todos los carbohidratos engordan, como la tortilla, el pan, las galletas, el arroz, las pastas. Esa idea es precisamente *un mito*. En general, lo que engorda es la cantidad de alimento que se consume y los acompañamientos. Te pido que tengas precaución al consumir en exceso productos *light*. Gracias a la mercadotecnia siempre parece que hay excelentes razones para comprar. Por ejemplo, cuando a los productos les bajan un poco de azúcar o un poco de grasa, los anuncian como *productos light*. Yo te pregunto: ¿en serio crees que todos esos productos son realmente bajos en calorías?

Otras recomendaciones son:

* Evita el exceso de alcohol, ya que proporciona tantas calorías como las grasas, y no aporta ningún beneficio para la salud.

* Antes de cocinar, retira toda la grasa visible de las carnes y la piel del pollo.

* Utiliza formas sencillas de cocinar: a la plancha, al vapor, a la parrilla, en sartén de teflón, al horno, en microondas, con *spray* para cocinar, o guisa en salsa de tomate.

* Reemplaza los quesos que contienen gran cantidad de grasas y colesterol por quesos más frescos, como el *cottage*, panela o de cabra.

*Remplaza los caramelos y chocolates por frutas.

* Opta por productos integrales en lugar de los productos refinados; los integrales son más nutritivos y ayudan al tránsito intestinal.

*Siempre incluye verduras en la comida y en la cena pues, además de nutritivas, son bajas en calorías y te ayudan a calmar la ansiedad por comer más cantidad.

Si vas a ir al supermercado, te aconsejo seguir los siguientes pasos:

*Prepara una lista de lo que vas a comprar y guíate por ella.

* Compra sin tener hambre, porque así impides que todo se te antoje.

*Evita caminar por los pasillos donde no tienes nada qué comprar.

* Evita comprar platillos preparados o precocinados.

Zig Ziglar, escritor y conferenciante, escribió: *"Si no te puedes ver como un triunfador, no puedes actuar como tal."*

OCTAVO PASO. Recuerda los grandes beneficios de la hidratación y el movimiento.

Los médicos recomiendan tomar ocho vasos de agua al día. Tu cuerpo está compuesto en un setenta por ciento de agua. Depende de este preciado líquido que funcione en excelentes condiciones. En el momento en que tu cerebro dispara la sensación de sed, ya es tarde: tu cuerpo está en proceso de deshidratación. Y cuando esto sucede, tu energía decae. ¿Qué pasa cuando decae la energía? El cuerpo te la pide y puede confundirte con hambre, entonces es cuando sientes deseos de comer.

No esperes a que llegue la señal de sed para ingerir agua. Desarrolla el hábito de tomarla varias veces durante el día, sin caer en la exageración que mucha gente tiene. Creen que tomar agua en exceso todo el día no hace daño, y por supuesto que sí, ya que puede bajar el nivel de electrolitos, entre los que se encuentra el potasio.

No está por demás recordarte la importancia de practicar un ejercicio. Tú sabes que el ejercicio controla el nivel de estrés, aumenta las hormonas relacionadas con el bienestar, ayuda a quemar calorías, entre muchos beneficios más.

Estas sugerencias pueden parecerte difíciles o "laboriosas", sin embargo te darás cuenta que de no es así. Si te propones seguirlas con firmeza, verás que con el tiempo te serán fáciles, porque ya se convierten en un hábito.

El escritor británico Samuel Johnson decía: *"Las cadenas del hábito son al principio demasiado débiles para sentirlas y posteriormente son demasiado fuertes para romperlas."*

NOVENO PASO. *Agrega una buena dosis de sonrisas, de risas y sentido del humor*

¡Estar a dieta no tiene por qué ser sinónimo de martirio! Al contrario, recodar continuamente el propósito de nuestra dieta debería motivarnos y hacernos felices.

Sonreír y reír es la manifestación de un estado de ánimo maravilloso. Una sonrisa puede cambiar el estado de ánimo de quien la emite y de quien la recibe. Si sonríes te sientes mejor de inmediato. Al sonreír, transmites mucho sin decir nada. Con sólo sonreír estás diciendo: *me siento bien, estoy cambiando, quiero ver la vida positivamente, estoy luchando contra mis pensamientos negativos.* Haz la prueba: sonríe más y verás cómo te sientes diferente, ya que la química de tu cuerpo se modifica. Una cosa más. Decir gracias impacta, pero decir gracias agregando una sonrisa te ilumina el rostro y, por lo tanto, hace que no te olviden fácilmente.

Hay numerosas investigaciones de universidades de prestigio que demuestran los enormes beneficios de la risa. Reír es sano, porque la risa y la salud están estrechamente unidas. No es ningún secreto que la risa es un método muy natural para levantar el ánimo. Cada vez se confirma más que la risa mejora el estado físico del cuerpo humano. Los estudios demuestran que la risa relaja los músculos tensos, reduce la producción de hormonas que causan el estrés, reduce la presión de la sangre, e incrementa la absorción de oxígeno. También ayuda a quemar calorías puesto que, al reír, movilizamos unos cuatrocientos músculos del cuerpo. Algunos investigadores de la Escuela de Medicina de la Universidad de Indiana estiman que reír cien veces equivale a hacer un ejercicio aeróbico durante diez minutos en una máquina de remos, o a quince minutos de bicicleta.

Y, por si fuera poco, la risa levanta el ánimo, ayuda a crear un ambiente familiar mucho más feliz, mejora las relaciones laborales y contribuye a tener más equilibrio personal y felicidad. Provoca felicidad debido a que durante la risa se liberan endorfinas, hormonas capaces de producir una sensación de felicidad y euforia, haciéndonos olvidar los problemas y sus consecuencias, curando depresiones y problemas de autoestima.

La risa también tiene beneficios estéticos: fortalece los músculos del rostro. Las personas risueñas se mantienen mejor en el tiempo ya que los tejidos son más firmes y jóvenes.

Reírse a diario mejora la digestión y evita el estreñimiento, además de que fortalece el corazón. Se tiene una respiración más sana, gracias a que crea un movimiento en el diafragma que permite que circulen por los pulmones doce litros de aire en lugar de los seis convencionales. Por si fuera poco, la risa reduce la impotencia y la frigidez.

Santo Tomás Moro, es autor de una oración muy original que quiero compartir contigo:

Señor, dame una buena digestión, y dame también algo para digerir.

Dame la salud del cuerpo y el buen humor que se necesita para conservarla.

Pon en mí un alma que no se queje siempre y que no sepa lo que es el aburrimiento.

Haz que no me irrite y que no irrite a mi prójimo con esa creatura tan molesta que es el "yo".

Concédeme el sentido del ridículo, y haz que sepa disfrutar un buen chiste.

Si todo eso me das, habrá alegría en mi vida, y podré compartir esa alegría con mi hermano. Amén.

Si después de haber leído todos estos beneficios que tiene reír, no lo haces, no habrá poder humano que te convenza. ¡Ríe y ríe mucho!

Og Mandino escribió: *"Nunca permitiré que me vuelva tan importante, tan sabio, tan grave y reservado, tan poderoso, que me olvide de reírme de mi mismo y de mi mundo."*

DÉCIMO PASO. *Acepta y agradece los elogios*

Todos los seres humanos requerimos de reconocimiento. Te sugiero que inicies cada día con un auto-reconocimiento, no vaya a ser que nadie te motive en el día. Así ya traerás contigo una dosis de estímulo inicial que te ayudará durante el día. Es muy sencillo. Expresa palabras que te hagan sentir bien. Puede ser frente al espejo o no. Te recomiendo que tengas presentes los éxitos pasados que has atesorado a lo largo de tu vida. Si los recuerdas fácilmente, qué bueno. Si no, tenlos por escrito en algún lugar visible para que te ayuden a realizar ese auto-reconocimiento. Agradece a Dios cada mañana por tantas bendiciones. Di: *¡me acepto como soy, pero he decidido sentirme y verme mejor que ahora!*

Habrá personas que verán en ti el cambio y te lo dirán. Contesta con una sonrisa y agradece ese obsequio. Di que estás feliz en este proceso de mejora que has decidido tener. Afirma tu felicidad porque, recuerda, el subconsciente, además de creerse todo, rige gran parte de nuestro sentir. Agradece a quienes se asombran al verte.

Acepta el halago, no tomes la postura de decir que no lo mereces, porque bien que te ha costado esfuerzo y disciplina. Siempre acéptalo y atesóralo como una bendición hacia tu vida y tus ganas de ser mejor.

Habrá quienes no te digan absolutamente nada. Sus razones tendrán y no nos corresponde tener que adivinarlas, ni mucho menos realizar algún tipo de reproche por no notar tu gran esfuerzo. Sigue tu camino siempre con la consigna de que estás poniendo tu mejor esfuerzo para sentirte mejor y agradarte a ti mismo.

Todos tenemos un diálogo interno. Con frecuencia estamos pensando cosas. Te recuerdo que tenemos aproximadamente setenta mil pensamientos al día. Controlar la calidad de todos y cada uno de ellos está difícil, pero la mejor forma de saber si nuestros pensamientos son positivos o negativos es preguntarnos "¿cómo nos sentimos? Si contestas que muy bien, es que así han sido tus pensamientos, si contestas que más o menos, es que has tenido una mezcla de ambos, y si contestas que te sientes muy mal, es que tus pensamientos no han sido optimistas ni edificadores.

Antes de ir a la cama, no olvides escribir todas las tentaciones que lograste vencer. Agradece y bendice a quienes te hicieron sentir bien, y olvida los agravios que sin querer recogiste durante el día. Transfórmalos en amor y buenos deseos para ti y los demás.

Deseo que estos diez pasos te lleven a una vida más saludable para tener ese *placer por vivir*. No olvides que sólo viviremos una vez y que de ti depende marcar la diferencia en la forma en que lo harás.

Recuerda: Si otros han podido, ¿por qué tú no? Tú puedes. Vamos, ¡inicia hoy mismo!

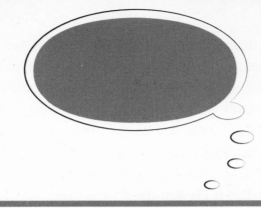

Palabras finales

Como conclusión, la verdadera felicidad no es un ataque repentino de euforia, o de júbilo. Es una actitud, un estilo de vida, una filosofía personal que nos permite ir por la vida sintiéndonos satisfechos con nosotros mismos y con el mundo que nos rodea, aún cuando las circunstancias no sean como hubiéramos querido.

Me adapto, pero no me conformo. La fortaleza del ser humano se mide en su capacidad de adaptación. "Esto que me sucede no es como yo quisiera, pero me voy a adaptar mientras cambia la situación".

Cuando sientas que la vida no ha sido justa contigo, compárate con el de abajo, no con el de arriba. Compárate con el que no tiene nada y verás cómo la vida te ha dado mucho.

Disfruta intensamente la vida. Sé consciente de todos los momentos que vives, aprende de lo bueno y de lo malo. Piensa que durante los años que vivimos estamos en constante aprendizaje, el cual nos hará cada vez más fuertes.

Ama lo que haces, pero ámalo de corazón, dando lo mejor de ti. Si haces lo que te piden, recibirás lo que mereces; pero si haces más de lo que te piden, la vida te dará mucho más de lo que mereces. Si ves el dinero como un fin, batallarás para obtenerlo. Cuando haces tu trabajo lo mejor posible, el dinero es simplemente una consecuencia. La vida siempre te recompensará el esfuerzo que hagas y más cuando no es visto.

Ponle pasión a lo que hagas, así le encontrarás más sabor a la vida, y además espantarás al temible *fantasma de la rutina*.

No le otorgues a los demás el poder de hacerte daño, ya que amar a una persona no significa ser vulnerable a ella. Tú puedes querer intensamente a tus padres, hermanos, amigos, pareja e hijos, pero no tienes por qué poner en sus manos tu felicidad. Te recomiendo que rodees tu corazón con una pequeña coraza y no permitas que nada ni nadie le haga daño.

Cuando las cosas no salgan como tú quieras, empieza por actuar y terminarás por creer.

¿Cómo actúa una persona deprimida? Obsérvala. ¿Cómo camina? ¿Cómo habla? ¿Cómo se sienta? Camina despacio, respira lento y superficial, sus hombros están caídos, su voz es apagada y su mirada generalmente se dirige hacia abajo.

Ahora, visualiza lo contrario. ¿Cómo actúa una persona cuando está feliz? Se mueve con rapidez, respira hondo, sus hombros están hacia atrás, sonríe más, y su mirada por lo general ve hacia arriba.

La mente subconsciente todo se cree. Cuando estés triste por alguna razón, llora lo que tengas que llorar, pero ponle fecha de terminación. "Ya lloré, ya me desahogué, ya expresé ese dolor que tanto daño siento en mi interior." Y luego empieza a actuar. Actúa como si anduvieras alegre. Si empiezas actuando, terminarás creyendo. Te prometo que funciona. La mente no sabe diferenciar entre lo que es verdad o mentira, sólo lo asume como una realidad. Así empezará a cambiar tu estado de ánimo.

No te aferres a los bienes materiales, ya que tú y yo sabemos que las cosas que en realidad valen la pena en la vida no se compran con dinero y, al final de los días, nos iremos de este mundo tal y como llegamos.

Modifica tu alimentación para sentirte mejor. Dale a tu cuerpo el alimento que merece y no lo maltrates ni lo destruyas con alimentos chatarra.

Empieza a reír más. Intenta poner una sonrisa en tu rostro con mayor frecuencia que antes, ya que esto te ilumina permanentemente y te rejuvenece.

No olvides que Dios es más grande que todos nuestros problemas. Ora, pero ora con fe y espera lo inesperado. Los milagros se suscitan cada día pero ocurren con mayor frecuencia en quienes creen que pueden suceder.

¡Ánimo! *¡Disfruta el placer de vivir!*

César Lozano

César Lozano es conferencista internacional con una audiencia total en sus presentaciones de más de 10 millones de personas en América Latina y los Estados Unidos.

Destacado locutor de radio y televisión, es además autor de los libros de gran éxito: **¡Despierta!... que la vida sigue: Reflexiones para disfrutar plenamente la vida, Una buena forma para decir adiós: Palabras que te ayudarán a sobrellevar el duelo por la muerte, la ruptura amorosa y los malos hábitos y Destellos: Reflexiones que darán más luz a tu vida,** y autor de 6 producciones discográficas con mensajes de esperanza, superación y actitudes positivas.

www.cesarlozano.com